中国梦与软实力建设

ZHONGGUOMENG YU RUANSHILIJIANSHE

林建华 著

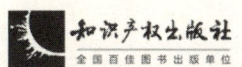

知识产权出版社
全国百佳图书出版单位

图书在版编目（CIP）数据

中国梦与软实力建设/林建华著.—北京：知识产权出版社，2016.9
ISBN 978-7-5130-4412-7

Ⅰ.①中… Ⅱ.①林… Ⅲ.①中国特色社会主义—社会主义建设—研究 ②综合国力—研究—中国 Ⅳ.①D616②D6

中国版本图书馆 CIP 数据核字（2016）第 204719 号

内容提要

本书以中国梦与软实力建设之间的关系为主要考察对象，依次从中国梦的由来与坐标、中国梦的本质内涵、中国梦面对的问题与挑战三个方面剖析了软实力在其中的作用。笔者试图阐明中华民族伟大复兴中国梦与软实力建设之间的内在的不可分割的关联，从而指出当下中国发展中软实力建设迫在眉睫的问题。在回应当代各种思潮的纠葛纷扰中，阐明实现中国梦的最大的软实力是正确的思想引领，阐明不断与时俱进的中国化的马克思主义是走在民族复兴路上的中国不能丢掉的至关重要的软实力，指出实现中华民族伟大复兴的中国梦必须用马克思主义中国化的最新成果——习近平治国理政新理念新思想新战略引领和指导。

责任编辑：王颖超	责任校对：潘凤越
封面设计：臧　磊	责任出版：刘译文

中国梦与软实力建设

林建华　著

出版发行：知识产权出版社有限责任公司	网　　址：http://www.ipph.cn
社　　址：北京市海淀区西外太平庄 55 号	邮　　编：100081
责编电话：010-82000860 转 8655	责编邮箱：wangyingchao@cnipr.com
发行电话：010-82000860 转 8101/8102	发行传真：010-82000893/82005070/82000270
印　　刷：北京嘉恒彩色印刷有限责任公司	经　　销：各大网上书店、新华书店及相关专业书店
开　　本：720mm×1000mm　1/16	印　　张：12.5
版　　次：2016 年 9 月第 1 版	印　　次：2016 年 9 月第 1 次印刷
字　　数：204 千字	定　　价：38.00 元
ISBN 978-7-5130-4412-7	

出版权专有　侵权必究
如有印装质量问题，本社负责调换。

序

一

  中国梦是习近平总书记在中国共产党的十八大之后提出的系列思想理论的首个关键词，更是习近平治国理政思想理论和战略布局中的最为重要的内容。

  众所周知，党的十八大之后，以习近平为总书记的新一届中央领导集体治国理政有着自己锐意进取的创新，提出了谋划中国未来三十年发展的治国理政新方略，这一切的起点是从提出和论证实现中华民族伟大复兴的中国梦起航的。

  2012年11月29日，作为新一届中央领导集体治国理政的首个亮相，习近平同志带着政治局常委班子参观了国家博物馆的"复兴之路"展览，发表了以实现中华民族伟大复兴的中国梦为主题的讲话，首次提出并论证了中国梦。习近平指出，每个人都有理想和追求，都有自己的梦想。现在，大家都在讨论中国梦，我以为，实现中华民族伟大复兴，就是中华民族近代以来最伟大的梦想。这个梦想，凝聚了几代中国人的夙愿，体现了中华民族和中国人民的整体利益，是每一个中华儿女的共同期盼。历史告诉我们，每个人的前途命运都与国家和民族的前途命运紧密相连。国家好，民族好，大家才会好。实现中华民族伟大复兴是一项光荣而艰巨的事业，需要一代又一代中国人共同为之努力。空谈误国，实干兴邦。我们这一代共产党人一定要承前启后、继往开来，把我们的党建设好，团结全体中华儿女把我们国家建设好，把我们民族发展好，继续朝着中华民族伟大复兴的目标奋勇前进。习近平在演讲中最后强调指出，我坚信，到中国共产党成立100年时全面建成小康社会的目标一定能实现，到新中国成立

100年时建成富强民主文明和谐的社会主义现代化国家的目标一定能实现，中华民族伟大复兴的梦想一定能实现。

2013年3月17日，第十二届全国人民代表大会第一次会议在北京人民大会堂举行闭幕会，当选为中华人民共和国主席的习近平发表重要讲话，再次阐述中国梦。他指出，实现全面建成小康社会、建成富强民主文明和谐的社会主义现代化国家的奋斗目标，实现中华民族伟大复兴的中国梦，就是要实现国家富强、民族振兴、人民幸福。中国梦既深深体现了今天中国人的理想，也深深反映了我们先人们不懈追求进步的光荣传统。面对浩浩荡荡的时代潮流，面对人民群众过上更好生活的殷切期待，我们不能有丝毫自满，不能有丝毫懈怠，必须再接再厉、一往无前，继续把中国特色社会主义事业推向前进，继续为实现中华民族伟大复兴的中国梦而努力奋斗。他强调，实现中国梦必须走中国道路。这就是中国特色社会主义道路。这条道路来之不易，它是在改革开放30多年的伟大实践中走出来的，是在中华人民共和国成立60多年的持续探索中走出来的，是在对近代以来170多年中华民族发展历程的深刻总结中走出来的，是在对中华民族5000多年悠久文明的传承中走出来的，具有深厚的历史渊源和广泛的现实基础。中华民族是具有非凡创造力的民族，我们创造了伟大的中华文明，我们也能够继续拓展和走好适合中国国情的发展道路。全国各族人民一定要增强对中国特色社会主义的理论自信、道路自信、制度自信，坚定不移沿着正确的中国道路奋勇前进。他强调，实现中国梦必须弘扬中国精神。这就是以爱国主义为核心的民族精神，以改革创新为核心的时代精神。这种精神是凝心聚力的兴国之魂、强国之魂。爱国主义始终是把中华民族坚强团结在一起的精神力量，改革创新始终是鞭策我们在改革开放中与时俱进的精神力量。全国各族人民一定要弘扬伟大的民族精神和时代精神，不断增强团结一心的精神纽带、自强不息的精神动力，永远朝气蓬勃迈向未来。他强调，实现中国梦必须凝聚中国力量。这就是中国各族人民大团结的力量。中国梦是民族的梦，也是每个中国人的梦。只要我们紧密团结，万众一心，为实现共同梦想而奋斗，实现梦想的力量就无比强大，我们每个人为实现自己梦想的努力就拥有广阔的空间。生活在我们伟大祖国和伟大时代的中国人民，共同享有人生出彩的机会，共同享有梦想成真的机会，共同享有同祖国和时代一起成长与进步的机会。有梦想，有机会，有奋斗，一切美好的东西都能够创造出来。全国各族人民一定要牢记使命，心往一处想，劲往一处使，用13亿人的智慧和力量汇集起不可战胜的磅礴力量。中国梦归根到底是人民的梦，必须紧紧依靠人民来实现，必须不断为人民造福。

习近平阐述的中国梦以大众化的、通俗易懂的话语表述，将中国共产党的政治理想、家国抱负、执政理念迅速传递给了中国社会各阶层的人民群众。一时间，中国梦在社会各界引起了广泛的反响，并持久地深入地走进了人们的内心。

中国梦更是党的十八大之后习近平依次提出的治国理政思想战略的最高范畴，无论伴随着中国共产党领导的中国特色社会主义事业的推进和发展，习近平治国理政思想战略增加多少新的内容，中国梦处于最高层次的地位都是不容动摇的。因为它代表了未来中国发展的方向，代表了全体中华儿女的愿望和期盼，更标志和象征着中国共产党的觉悟和高度。对外，它在世界范围论证了实现中华民族伟大复兴是正在崛起的中华民族应然的权力，是中华民族的天赋人权；对内，中国梦更成为凝聚全体中华儿女的最大思想共识，是凝聚中国社会各阶层人民精神意志的最大公约数。

二

自美国哈佛大学教授约瑟夫·奈在20世纪90年代初提出"软实力"理论以来，"软实力"这个词便风靡了世界，其影响自国家、企业乃至个人，渗透至世界的各层面。

约瑟夫·奈作为"软实力"概念的最早提出者，在其所著且被国际社会奉为经典的《软实力》一书中深刻揭示了软实力的本质，指出软实力是通过非强制性手段来影响他人的能力，软实力是由一个国家的文化、政治理念和政策所形成的吸引力。他从大历史观的角度，结合众多的数据和实例，在对软实力进行详尽阐述的基础上，深入分析和阐述了软实力的构成要素和重要影响力，剖析了军事、武力、暴力等硬实力在建构世界新格局中的作用，主张只有通过文明、文化、价值观念、生活方式等软力量的桥梁，才能在国际政治舞台不断取得成功，进而认为并指出，正是软实力有助于解决国与国之间多边合作的全球重大问题。可以说，约瑟夫·奈在

《软实力》一书中对软实力思想的详尽阐述，深刻地影响了人们对国际关系的看法，使人们从关心领土、军备、武力、科技进步、经济发展、地域扩张、军事打击等有形的"硬实力"，转向关注文化、价值观、影响力、道德准则、文化感召力等无形的"软实力"。

约瑟夫·奈并非普通学者，卡特政府时期，他是助理国务卿；克林顿政府期间，他是助理国防部部长兼国家情报委员会主席；很长时期他是美国国防部政策委员会委员。20 世纪 90 年代初，苏联解体、东欧剧变、冷战格局解体，约瑟夫·奈认为，苏联解体并不是因为其军事力量不强大，主要是软实力不行。那么，美国想要继续称霸世界，就不能单凭武力、经济实力、科技实力等硬实力，而必须依靠自身的软实力。❶ 这便是其软实力理论提出的背景与初衷。正是因此，约瑟夫·奈把软实力界定为三个方面的内容：文化的吸引力、制度的吸引力、掌握国际话语权的能力。他非常坦率地说，美国就是要用吸引诱导的办法使别的国家跟着美国走。显然，这一理论是为美国的国家利益和整体国家政策服务的，是作为美国的外交战略和国际权谋提出并使用的。

三

"软实力"理论传到中国，不再局限于外交战略和国际权谋，而是将其作为国家综合国力的组成部分，并在前面冠以"文化"二字。中国共产党的十七大报告中正式提出"文化软实力"的概念，强调文化软实力是综合国力的重要组成部分。在"软实力"前面加上了"文化"二字，其特殊意义就在于，没有文化高度的软实力是短视的，没有文化深度的软实力是肤浅的，没有文化核心价值观的软实力则是缺失凝聚力而脆弱无力的。约瑟夫·奈的软实力理论让我们深刻认识到，国家的崛起和民族的振兴必须两条腿走路，一条是提升自己的物质硬实力，一条是强大自己的文化软实力。因为一个国家的物质硬实力不行，可能一打就垮；而如果文化软实力不行，则会不打自垮，不打自败。关于这一点，苏联解体为我们提供了典型例证，尽管苏联拥有的工业基础、科技基础、基础设施在当时世界上都

---

❶ 张国祚：《中国梦与文化软实力》，《中共四川省委省级机关党校学报》，2014 年第 1 期。

是一流的，但是因为它的文化软实力大厦坍塌了，意识形态崩溃了，最终沦为解体和失败的结局。

不言而喻，约瑟夫·奈提出的软实力理论，对于正在追求国家崛起和民族复兴的中国来说，意义是重大的，启示是深刻的。

中国共产党领导中国人民正在为实现中华民族伟大复兴的中国梦而不懈地奋斗。实现中华民族伟大复兴的中国梦，我们还需要克服前进道路上的各种困难，化解各种矛盾，应对各种挑战，解决各种问题，而所有问题与挑战的解决均有赖于软实力的提升，换言之，中国崛起走到今天我们面对的软实力方面的问题远比硬实力方面的问题更多更深更不易察觉。历史上的经验教训一再告诫我们，文化软实力搞不好，可以使国家走向衰亡；搞得好，可以使民族走向振兴。只有做大做强国家的文化软实力，才能顺利实现两个百年的奋斗目标，才能真正实现中华民族伟大复兴的中国梦。正如习近平同志指出的，中国梦，是国家的梦、民族的梦、人民的梦。中国梦要靠一代又一代中国人提升自己的文化软实力才能真正实现。中国共产党90多年的艰辛奋斗历程同样告诉我们，中国共产党是靠着软实力的强大走到今天的，只要我们坚持用马克思主义中国化的正确理论指导，坚持远大的理想目标，牢记为民宗旨和清廉的公仆意识，坚持解放思想、实事求是、与时俱进、求真务实的改革创新精神，坚持这些中国共产党拥有的文化软实力，我们就会引领中华民族成功实现自己的伟大复兴。

正是基于以上的认识和思考，笔者试图阐明中华民族伟大复兴中国梦与软实力建设之间的内在的不可分割的关联，从而指出当下中国发展中软实力建设面临的迫在眉睫的问题，在回应当代各种思潮的纠葛纷扰中，阐明实现中国梦最大的软实力是正确的思想引领，即中国化的马克思主义是走在民族复兴路上的中国不可丢掉的软实力。

目 录

第一章　中国梦：由来与坐标 …………………………… 1
　　一、内生性与历史纵坐标 …………………………………… 1
　　二、外生性与现实横坐标 …………………………………… 4
　　三、横纵坐标下的软实力 …………………………………… 6

第二章　中国梦：怎样的梦 ……………………………… 10
　　一、中国梦的内涵界定 ……………………………………… 10
　　二、软实力的不可或缺 ……………………………………… 13

第三章　中国梦：问题与挑战 …………………………… 14
　　一、警惕两个错误声音和两种错误认识 …………………… 14
　　二、实现中国梦必须破解的问题与挑战 …………………… 15
　　三、归根结底是软实力的挑战 ……………………………… 29

第四章　中国梦：我们的梦 ……………………………… 31
　　一、最终的决定因素是软实力 ……………………………… 31
　　二、当下中国软实力建设的几个关键要素 ………………… 33

第五章　中国梦：思想引领 ……………………………… 49
　　一、历史大视野下的伟大复兴中国梦的引领者 …………… 49
　　二、思想引领的正确选项——中国化的马克思主义是中国共产党引领伟大复兴中国梦不能丢掉的软实力 ………………… 52

三、用马克思主义中国化的最新成果——习近平治国
理政新思想新战略引领中国梦 …………………………… 57

第六章 关于"中国梦与软实力建设"的若干思考 …………… 60

一、思想理论与软实力 …………………………………………… 60
二、意识形态与软实力 ………………………………………… 111
三、读书与思考 ………………………………………………… 160

参考文献 ………………………………………………………… 187

后　记 …………………………………………………………… 189

第一章　中国梦：由来与坐标

一、内生性与历史纵坐标

习近平在参观《复兴之路》展览时的讲话中说："中华民族的昨天，可以说是'雄关漫道真如铁'。近代以后，中华民族遭受的苦难之重、付出的牺牲之大，在世界历史上都是罕见的。但是，中国人民从不屈服，不断奋起抗争，终于掌握了自己的命运，开始了建设自己国家的伟大进程，充分展示了以爱国主义为核心的伟大民族精神。中华民族的今天，正可谓'人间正道是沧桑'。改革开放以来，我们总结历史经验，不断艰辛探索，终于找到了实现中华民族伟大复兴的正确道路，取得了举世瞩目的成果。这条道路就是中国特色社会主义。中华民族的明天，可以说是'长风破浪会有时'。经过鸦片战争以来 170 多年的持续奋斗，中华民族伟大复兴展现出光明的前景。现在，我们比历史上任何时期都更接近中华民族伟大复兴的目标，比历史上任何时期都更有信心、有能力实现这个目标。"❶ 这是对中国梦从哪里来，向哪里去，历经的漫长艰辛历程的一个简要而集中的概括，从中深刻地揭示了中国梦的内生性。

中国梦首先源于中华民族悠久的历史，特别是源于百年屈辱百年沉沦的中国近代史，中国漫长而悠久的文明史，便是伟大复兴中国梦的历史纵坐标。

中华民族历史上曾经有过非常辉煌的时期，正是因为有过的历史上的辉煌，才会在近代遭遇逆境和挫折的背景下，生出民族复兴的愿望和梦想。中华民族有着悠久而灿烂的文明，曾长期在历史上处于领先地位，西

---

❶ 习近平：《习近平谈治国理政》，外文出版社 2014 年版，第 35 页。

汉王朝的文景之治、武帝时期，李唐王朝的贞观之治、开元之治，宋代的生产力和科技的领先，清代的康雍乾盛世，无不承载着历史的荣光和祖辈先人的辉煌。昔日的荣光和曾经的辉煌，使得这个民族拥有着源自心底的民族自觉，打上了无法抹去的民族自信的烙印，因而，一旦遭遇困境和挫折，必会产生自强不息的摆脱厄运的斗志和豪情。这便是中华民族的历史自觉的源头和根基。

然而，中华民族在近代的前所未有的世界大变局中，却遭遇到灾难深重的苦难，中华民族开始落后于西方，落后于世界，辉煌不再。中国自1840年之后的近现代史，首先是西方帝国主义的侵略、掠夺和奴役，一步步陷入半殖民地深渊的历史。从鸦片战争、中日甲午战争、八国联军入侵，到1931年"九一八"事变日本帝国主义占领东三省，1937年"七七卢沟桥"事变日本帝国主义吞并华北进而进攻全中国，中华民族遭遇"千年未有之变局，千年未有之强敌"，民族饱受屈辱，国家失去尊严，人民遭受苦难，中华民族在经历历史上的辉煌之后，遭遇了前所未有的民族生存危机，赋予了这个民族空前深刻的忧患意识，使得伟大复兴中国梦先天地注入了忧患的基因。

与此同时，中国自1840年之后的近现代史，一方面又是中华民族不屈不挠的抗争、反抗、寻求出路的过程。在中华民族不屈不挠前赴后继的抗争过程中，铸造了中华民族百折不回、坚强不屈、矢志不移的品格，中华民族没有因为苦难而沉沦，没有因为苦难而失去斗志，苦难更加砥砺了中华民族自强不息的精神，为民族复兴中国梦打下了坚实的自强自新的胎记。民族苦难开始的时候，就是民族抗争开始的时刻，也正是民族复兴开始的时刻。正是在这个持之以恒地求索和追求的历史进程中，梁启超提出了"中华民族"的命题，孙中山带领中华民族喊出了"振兴中华"的口号，中华民族在抗日战争这个民族生死存亡的时刻，在《义勇军进行曲》的震耳欲聋的歌声里迎来了集体民族意识的觉醒，现代意义上的民族意识和民族观念得以真正诞生，中国共产党人在继承前人志愿的接续奋斗中，探求到了民族复兴的正确道路，使中华民族终于迎来了伟大复兴的曙光。这一路的卓绝奋斗、一路的艰难前行，是伟大复兴中国梦的探寻历程，更是民族精神的塑造和形成过程。

中国自1840年之后的近现代史，另一方面更是从被现代化的"求强、求富"到主动现代化的改革开放迎接世界潮流的过程。清王朝的改革求新，维新派的变法图存，孙中山的毅然革命，无不是为了追赶世界先进文明，在这个前赴后继的追赶中，在中国共产党领导下实现了伟大复兴中国梦的第一步民族独立梦，建立了独立主权的新中国，奠定了民族复兴的牢固基石。在这个基石基础上，经历60多年的新中国建设和30多年的改革开放，中国崛起为世界第二大经济体，为着建党一百年全面更高水平的小康社会和建国一百年富强民主文明和谐的现代化强国的目标而奋斗。伟大复兴的中国梦在这个伟大征程中正展现着它的曙光和美好的愿景。

自1840年到21世纪中叶，可以看作两个一百年。从1840年到1949年的第一个一百年，是中华民族的百年屈辱、百年沉沦和百年抗争；从1949年到2049年的第二个一百年，是中华民族的百年复兴和百年崛起。民族的独立和人民的解放，国家的繁荣富强和人民的共同富裕，是摆在中华民族面前的历史任务和高难度课题，是中国近现代所有志士仁人的梦寐以求的理想，更是中国社会历史发展的潮流与历史发展的本质和规律所在。1840年以来中华民族奋斗求索的过程，就是中国梦展开的过程。在中国共产党带领中华民族实现了民族独立和人民解放的梦想基础上，经历30多年改革开放，中国正在走向国家富强和人民共同富裕。这是一个不以任何人的主观意志为转移的客观历史进程，是中国社会发展从过去、现在到未来的根本趋势和规律。可见，习近平提出的中国梦，正是对这一中国社会发展的本质和趋势的深刻洞察和高度概括，是将推动中国社会历史进步和中华民族伟大复兴的高度的历史自觉和使命担当，建立在了清醒的对中国社会历史发展本质和规律的认识之上。应该看到，中华民族苦苦追求的伟大复兴中国梦，无疑是全体中华儿女的意愿和动机，这意愿和动机在历史发展的长河中，最终演变成近代以来中华民族历史上持久的、引起重大历史变迁的行动。一代代中华儿女、志士仁人不屈不挠的奋斗，才使中华民族终于接近了民族复兴的目标，终于有了今天举世瞩目的成就和大国地位。也正如习近平所说，实现中华民族伟大复兴，就是中华民族近代以来最伟大的梦想。这个梦想，凝聚了几代中国人的夙愿，体现了中华民族和中国人民的整体利益，是每个中华儿女的共同期盼。可见，中国梦的诞生，既是中国社会发展规律和历史潮流的客观必然反映，更是人民群众心声、人民群众意愿的真实而忠诚的表达，是合历史发展规律合人民群众意愿的必然选择。

概言之，中国梦生长于曾经辉煌又遭遇困境的曲折发展的悠久文明和历史，产生于中国历史发展到近代的严重失衡和挫折，正是在近代中国苦难的年代里，回望民族历史上那曾经有过的辉煌与荣耀——汉唐盛世和宋明领先，诞生了伟大复兴的中国梦，这就是中国梦生成的内因和它的历史纵坐标。苦难开始的时刻，就是复兴开启的时刻，就是中国梦诞生并生长的时刻。

二、外生性与现实横坐标

中国梦的产生还有它的外部原因，这就是它的外生性，中国梦是在外部力量的压迫催化下诞生的，由此也就为它树立了外部世界的现实的横向的坐标。

众所周知，中国走入近代，不是自身社会基本矛盾自然演化的结果，是外力作用的结果，是外部列强入侵打开国门的结果。外敌入侵的背景下，中华民族遭遇到空前的民族生存危机，在饱受帝国主义掠夺、蹂躏和奴役的同时，也日益深刻地感受和认知了西方先进的生产力、先进的生产方式和先进的文明，冷静地面对外部世界的状况，深刻地反思自己国家、民族和文明曾经有过的辉煌，痛彻地思考现实遭遇的处境，实现中华民族伟大复兴的梦想也就在这样的历史氛围和时代环境下，在外忧内患的状态下，脱胎出来，生长起来。这样的历史条件为伟大复兴中国梦注定了绝地而生奋起直追的基因，决定了中华民族近代以来为了伟大复兴中国梦前赴后继永不停歇的接续奋斗。

伟大复兴中国梦的外生性，也决定了它必然要具有现实的外部的横向坐标，换言之，从它诞生的那一刻起，就决定了它要以外部世界先进的国家、民族、文明作参照系和坐标。从1843年魏源认识到"善师四夷者，能制四夷；不师外夷者，外夷制之"，到1861年洋务运动掀起了"师夷长技"、自强、求富的改良运动；从1898年康有为、梁启超等维新派主张向西方和日本学习，兴民权，倡西学，废科举，建学堂，发展近代工商业，实行君主立宪制，到1905年孙中山等成立同盟会，提出"创立民国，平均地权"。如此种种，都是先进的中国人以外部世界为参照和坐标，探寻

第一章 中国梦：由来与坐标

中华民族伟大复兴的努力和尝试。1921年成立的中国共产党，亦从外部世界寻找到了马克思主义，并把马克思主义和中国实际相结合，渐次取代了中国社会其他阶级和阶层，走上了引领中华民族伟大复兴的道路，成为中华民族伟大复兴的引领者。

时光转换到当代，中国共产党领导中华民族伟大复兴的过程中，扪心自问：我们真正的参照系和坐标定位在哪里？这是一个需要反思的问题。不容否定且毋庸置疑的是，伟大复兴中国梦在外部世界的一个重要参照系和坐标是美国梦。

之所以这样讲，是因为：第一，向外部世界学习，赶超世界先进国家和文明的伟大复兴，必然是要向外部世界最先进、最强大的国家学习和赶超，美国无疑是第二次世界大战以来最强大的国家，是硬实力和软实力都强大的国家，美国在经济、军事、科技、文化等诸多领域至今仍然居于世界领先位置。

第二，从先进的中国人开始学习西方开启伟大复兴中国梦的征程起，就是把美国作为坐标和参照的。孙中山认为，"美国为先进文明国""美国为世界第一共和国"❶，有许多值得中国学习的地方。他在倡导学习美国的同时，坚信中国能够赶超美国。毛泽东更是认为赶上美国、超过美国，是中国共产党的责任，是中国的责任，认为中国只有超过美国，才能对人类作出更大的贡献，认为中国如果不能超过美国，就会在地球上被开除球籍。于是毛泽东制定并不断修改超英赶美的计划和时间表，并为此发动了"大跃进"等运动，尽管"大跃进"的模式实践证明是失败的，其中的教训也是深刻的，但是实现国家崛起伟大复兴的决心和精神是不容否定的，以美国为参照系和坐标的事实也是不能否定的。邓小平设计并主导的改革开放，本质上是更为科学路线图下的超英赶美的过程，仍然是以美国为参照系和坐标的，谈到对外开放时，邓小平同志曾明确地说，对外开放首先是向美国为首的西方发达国家的开放，才能补足我国经济发展的短板，形成优势互补，以实现我国经济的快速发展，为中华民族的伟大复兴奠定雄厚的物质基础。习近平在提出中国梦之后，一直都在讲的一个观点就是

---

❶ 刘明福：《中国梦——中国的目标、道路及自信力》，中国友谊出版公司2013年版，第7页。

"中国梦和美国梦是相通的",故而其深层次意涵是美国梦在国家层面和公民个人层面都为中国梦提供了参照和坐标,中国梦就其追求国家崛起和个人梦想成真的意义上,是和美国梦有着相通和一致的内涵的。

第三,改革开放以来中国国民走向世界的首选地应该承认就是美国。对此,白岩松在美国耶鲁大学的演讲《我的故事以及背后的中国梦》中这样描绘说:中国经历了改革开放的30年,有无数个这样的家庭。他们的爷爷奶奶依然守候在土地上,仅有微薄的收入,千辛万苦。他们的父亲母亲,已经离开了农村,通过考大学,在城市里已经有了很好的工作,而这个家庭的孙子孙女也许此刻就在美国留学,三代人,就像经历了三个时代。但是在中国,你随时可以看到这样的家庭。美国一直是改革开放以来中国年轻人出国留学的首选地,这里边是有一个活生生的美国梦在里边的,人们是要走出去真实地考察世界上这个最强大、最先进的国家的真实面目,是要为自己国家的发展和民族的复兴找到现实的参照和坐标。所以,改革开放追求伟大复兴中国梦的过程中,汹涌澎湃的出国留学潮首选地是美国,因而,美国梦成为中国人探索国家崛起民族复兴的参照和坐标,这是无法否定的客观事实。

当然,说美国梦是中国梦的坐标和参照系,并不是说中国梦和美国梦是等同的,二者由于历史境遇不同、基本国情不同、文化基因不同、思想基础不同、本质内涵不同,实现的途径和实现的过程也就根本不同。但是,尽管有着上述不同,不容否定的是,美国梦仍然是中国梦的坐标和参照,这也从一个侧面证明着中国梦的外生性,从这个意义上说,伟大复兴中国梦一直承受着外部世界的压力,以美国梦为参照的同时,也就不可避免地处于一种和包括美国梦在内的外部世界外部文明追赶和竞争的状态。无疑,这种状况大大提升和加剧了中华民族的忧患意识和民族自强精神。

三、横纵坐标下的软实力

首先,基于以上关于中国梦的由来与坐标的分析,我们必须给出以下的认识和结论:中国梦尽管在百年屈辱百年沉沦的中国近代史的基础上,有着中国漫长而悠久的文明史作为历史坐标,但是中国梦并不是简单地追寻昔日的荣光,不是要复兴封建帝国的旧梦;中国梦尽管以美国梦为现实的参照和坐标，但是中国梦也不是美国梦或他国梦的翻版；中国梦绝不仅仅是简单的大国崛起，中国梦是要实现中华民族对人类文明作出更大的贡献，为人类文明提供一个与西方不一样的却有着更大吸引力和感召力的文明选项；中国梦在立足本民族自身文化传统的基础上，绝不离开人类文明发展的大道，绝不拒绝世界先进文明的经验，中国梦是中华民族追求现代化的过程，是基于中华民族由传统向现代转型实践的现代梦。

其次，我们想要探讨和分析的是，在历史失衡和外力压迫共同作用下生成的中国梦，处于历史与现实横纵坐标中的中国梦，软力量即软实力的状态和作用。

当我们说中国近代落后挨打的处境的时候，我们应该关注到造成这种局面的原因，深层次是软实力出现了问题，是思想文化、精神状态等出了问题，或者说是思想文化、精神状态等软实力落后于世界了。所以，我们在考察国家民族发展的状态、考察伟大复兴中国梦的时候，不能仅仅观察物质的硬实力的状况，还要观察精神的软实力的状况，也就是说，必须拨开物质的经济的表面的因素去观察和透视一个国家、一个民族发展行进过程中的精神的文化的因素。历史学家戴逸在他的《18世纪的中国与世界》的报告中指出：1800年，全世界有9亿人口，中国有3亿人，占世界人口的1/3；中国的粮食产量也占世界的1/3，居世界首位；1800年，中国的工业产值（主要是手工业生产），占世界的33.3%，而整个欧洲只占28.1%；18世纪全世界超过50万人口的大城市有10个，中国占了6个：北京、南京、扬州、苏州、杭州、广州。❶ 这样的数据，不断地被人们用来证明当时的中国即清王朝的统治治理下的国家是处于世界领先的位置的。但是，和这个数字统计的1800年仅仅相隔40年的1840年，中国就在远道而来的英帝国的军队的攻击下，惨遭失败而割地赔款，并由此开启了半殖民地半封建社会的进程，开启了中国近代百年沉沦百年屈辱的进程。透过历史的帷幕，我们可以观察到，中国1840年及其以后的处境，其实早已经在1840年以前就已经决定下来了，因为在1840年及其以前，中国在思想文化、精神状态等软实力方面已经落后于时代了，或者说封建王朝的

---

❶ 刘明福：《中国梦——中国的目标、道路及自信力》（自序），中国友谊出版公司2013年版。

思想文化整体上已经处于没落、末路的状态，不再能给社会提供向上发展的动力和方向，而清王朝的整体精神状态则是自我封闭、夜郎自大、腐败堕落的，社会的体制、文化和人的精神都远远地落后于西方，面对西方思想文化的革新、生产方式的革命以及工业革命的陆续完成，清王朝只能败下阵来，而这种衰败本质上和深层次上是文化软实力的衰败。由此，它告诉我们民族的崛起或衰亡，绝不仅仅是硬指标硬实力可以衡量的了的，我们必须考察其中软力量软实力的状况，必须对软力量软实力给予高度的关注。

当我们观察美国梦的时候，不仅要看到美国梦代表的美国的硬力量、硬实力，同样也要看到它代表的软力量、软实力。美国梦始于1620年，当英国的清教徒乘坐着"五月花"号横渡大西洋来到波士顿郊区登陆后，美国梦就开始了。美国梦代表着美国能够给每一个人均等的成功机会，成功取决于才能和努力，而不是家世和背景，人人都有平等的权利，人人都有信仰的自由。17世纪中期开始，大量欧洲移民涌入了美国。北美广袤的土地极大地满足了这些移民对于财富和土地的需求，饱受迫害的欧洲清教徒，在这片广袤的无主的有着丰富资源和恶劣环境的土地上寻找自由和民主。家庭背景、社会地位都没有实际意义，靠个人奋斗而取得成功成为人们遵循的法则。《独立宣言》的发表和独立的实现，使美国梦有了现实和法律基础，为美国梦插上了翅膀。之后，在大规模的"西进运动"中，不仅开发了广袤的西部土地，更是培育了美国人的民主意识，铸就了美国人实用主义观念，养成了个人主义思想，培育了开拓冒险精神。在南北战争后的美国，更是涌现出许多白手起家的商业巨子，摩根、福特、洛克菲勒等通过自身奋斗创建了自己的庞大事业，美国梦在工业化浪潮中进一步深化了只要有才能、愿意努力都能取得成功的内涵。20世纪的美国在国际社会的风雨变幻中脱颖而出，经历第一次世界大战和第二次世界大战，美国在资本主义世界取得了至高无上的地位，成为真正的全球性超级大国，开始向世界输出美国式的自由民主价值观，并以它的价值观念、道德标准来设计世界秩序，主宰世界事务。到了21世纪信息化时代来到的时候，微软的比尔·盖茨、苹果的乔布斯、脸书创始人扎克伯格以及谷歌创始人拉里·佩奇等，凭借自己的智慧，积累了庞大的资产，成了当今美国梦的代言人。美国梦最典型的代表则是现任美国总统奥巴马，作为草根出身的非裔美国人，奥巴马用他独特的传奇经历、非凡口才、坚韧毅力向美国民众全情演绎了一个现实版的美国梦。无疑，美国梦代表着最大化的个人自由、最先进的物质进步和最丰富尤其是最平等的成功机会。美国梦的精神实质就是，人人都能通过自己的努力而获得个人成功。由此看出，美国梦对精神层面的追求远远胜过对物质的追求。美国历史学家詹姆斯·特拉斯洛·亚当斯在《美国史诗》中写道："美国梦远远超过物质范畴，美国梦就是让个人才能得到充分发展，实现自我。"他认为"美国梦不是汽车，也不是高工资，而是一种社会秩序，在这种秩序下，所有男人和女人都能实现依据自身素质所能取得的最大成就，并得到社会的承认，而与他（她）的出身、社会背景和社会地位无关。"美国梦成为美国崛起的文化动力，成为美国影响世界的软实力。由此，它同样清楚地告诉我们，决定国家崛起和民族复兴的因素，绝不仅仅只是硬指标硬实力，决定国家崛起和民族复兴的因素，更为重要的是软力量软实力，这是我们必须予以关注和充分认识的问题。

透视横纵坐标下的软实力的存在与作用，我们就可以充分认识伟大复兴中国梦实现过程中，软实力不仅不可或缺，而且是持久的深层次的起作用的因素。对于国家崛起和民族复兴来说，软实力的强与弱、先进与落后，更是决定国家民族未来格局和发展方向的关键。

第二章 中国梦：怎样的梦

一、中国梦的内涵界定

关于中国梦的内涵界定，笔者认为，习近平有三个最基本的论述是必须要关注到的。第一个是中国共产党十八大之后带领政治局常委班子参观《复兴之路》展览的讲话，他说："现在，大家都在讨论中国梦，我以为，实现中华民族伟大复兴，就是中华民族近代以来最伟大的梦想。这个梦想，凝聚了几代中国人的夙愿，体现了中华民族和中国人民的整体利益，是每一个中华儿女的共同期盼。历史告诉我们，每个人的前途命运都与国家和民族的前途命运紧密相连。国家好，民族好，大家才会好。实现中华民族伟大复兴是一项光荣而艰巨的事业，需要一代又一代中国人共同为之努力。空谈误国，实干兴邦。我们这一代共产党人一定要承前启后、继往开来，把我们的党建设好，团结全体中华儿女把我们国家建设好，把我们民族发展好，继续朝着中华民族伟大复兴的目标奋勇前进。"❶ 第二个还是在这次讲话中，他指出："我坚信，到中国共产党成立一百年时全面建成小康社会的目标一定能实现，到新中国成立一百年时建成富强民主文明和谐的社会主义现代化国家的目标一定能实现，中华民族伟大复兴的梦想一定能实现。"❷ 第三个是在十二届人大一次会议闭幕会上的讲话，他说："实现全面建成小康社会、建成富强民主文明和谐的社会主义现代化国家的奋斗目标，实现中华民族伟大复兴的中国梦，就是要实现国家富强、民族振兴、人民幸福，既深深体现了今天中国人的理想，也深深反映了我们

---

❶ 习近平：《习近平谈治国理政》，外文出版社2014年版，第36页。
❷ 习近平：《习近平谈治国理政》，外文出版社2014年版，第36页。

先人们不懈追求进步的光荣传统。"❶

上述三个论述对中国梦的内涵构成了一个脉络清晰的阐述,阐明了:其一,中国梦就是实现中华民族的伟大复兴;其二,实现中华民族伟大复兴必须建立在实现两个一百年目标的基础上,即到中国共产党成立一百年时全面建成小康社会的目标一定要实现,到新中国成立一百年时建成富强民主文明和谐的社会主义现代化国家的目标一定要实现;其三,归根结底,实现全面建成小康社会、建成富强民主文明和谐的社会主义现代化国家的奋斗目标,实现中华民族伟大复兴的中国梦,就是要实现国家富强、民族振兴、人民幸福。

由此可以得出,中国梦的主题是实现中华民族的伟大复兴,中国梦的核心内涵是国家富强、民族振兴、人民幸福,两个一百年的目标则体现了中国梦的宏观层面的具体内容。因此,国家富强、民族振兴、人民幸福,三者有机统一、缺一不可,构成中国梦完整内涵的整体,在这个整体中国家富强、民族振兴、人民幸福又各自处于不同的位置与承担着不同的意义。第一,国家富强居于首要的位置。中华民族近代以来饱受屈辱的追赶现代化的历史,决定了没有国家的富强,民族振兴和人民幸福都是空话,也就是说民族振兴与人民幸福必须建立在国家富强的基础上,国家富强是民族振兴与人民幸福的基本前提。也正是在这个意义上,决定了中国梦的追寻必然是从国到家、先国后家的过程,决定了中国梦首先是一代代中华儿女前赴后继为了国家富强和民族振兴的奋斗和追求,然后才会过渡到国家为个人的梦想实现搭建平台。这也就是习近平指出的:"国家好,民族好,大家才会好,实现中华民族伟大复兴是一项光荣而艰巨的事业,需要一代一代的中国人共同为之努力。"❷ 第二,民族振兴是主题。中华民族近代以来饱受苦难的追赶现代化的历史,决定了民族振兴是实现中国梦的永恒的主题,不论时代变迁中国梦的具体内容怎样变化,永远不变的是实现中华民族伟大复兴的主题与使命。第三,人民幸福是归宿。中华民族近代以来饱受苦难的追赶现代化的历史,同时决定了国家富强、民族振兴的目的、归宿与意义就在于实现人民的幸福,没有人民幸福,国家富强与民族

---

❶ 习近平:《习近平谈治国理政》,外文出版社2014年版,第39页。
❷ 习近平:《习近平谈治国理政》,外文出版社2014年版,第36页。

振兴不仅失去了意义和价值，而且失去了根本的动力，人民幸福是中华民族伟大复兴中国梦的最终的价值体现。正是在此基础上，我们才能理解当代中国人内容具体而丰富的中国梦的价值和意义，比如，经济的腾飞、生活的改善、物质的进步、环境质量的提升；社会的公平正义与民主法治的建成、文化的繁荣以及公民的成长；教育进步、科技领先、医疗保障与富国强兵；民族尊严、主权完整、国家统一与世界和平的实现。也正是在此基础上，我们才能理解个人具体的中国梦与国家层面的中国梦的关联，前者对于后者的意义，后者之于前者的价值。

然而，不可否认的是，当下的中国，中国梦正处于两个发展阶段的节点上。经历了自1840年之后的百年屈辱百年沉沦，正在追求百年崛起百年复兴的中华民族，第一阶段的中国梦是以前赴后继地牺牲个体奉献国家和民族来成就的，无数先驱和英烈为此奉献了毕生的心血和生命，普通的中国人也在中华民族的历史命运里作出了无法选择的付出。当中国在实现了站起来的基础上开始走向富强，并在21世纪成为世界第二大经济体的时候，第二个阶段的中国梦就不可避免地到来了，这个阶段的中国梦是要在国家大梦实现的基础上，更多地关注每个公民个人梦想的实现，是要求国家能够给公民搭建和提供更多更公平的实现个人梦想的机会和平台，让每个个体更幸福、更有尊严、更平等，这就是实现习近平所说的"生活在我们伟大祖国和伟大时代的中国人民，共同享有人生出彩的机会，共同享有梦想成真的机会，共同享有同祖国和时代一起成长与进步的机会"❶。

由此，我们可以得出这样的结论和认识：中国梦可以随着时代变迁不断地变换它的具体内容，中国梦永远不变的是中华民族伟大复兴的主题与使命。中国梦在它演进的历史长河中必然而且正在经历着一个由国到家的过程。白岩松在就"我的中国梦"接受媒体采访时这样说道："我心目中的中国梦，是由一代代人前仆后继以国家富强、民族复兴为追求的梦想，慢慢过渡到国家如何为民众搭建实现梦想机会的平台。国家富强的目的是什么？国家富强的目的是要让个人、每一个个体更有尊严、更幸福、有更平等实现梦想的机会，我觉得这是中国梦的含义。用最简单的一句话概

---

❶ 习近平：《习近平谈治国理政》，外文出版社2014年版，第40页。

括,中国梦是一个由国到家的过程。"❶

二、软实力的不可或缺

关于中国梦的内涵界定,存在一种习惯上的偏颇和本能上的认识不足,那就是习惯于把中国梦的核心内涵"国家富强、民族振兴、人民幸福"本能地理解定义为硬实力方面的硬指标,这不仅表现在人们对中国梦概括性的阐述中,而且体现在基层百姓对中国梦的描绘、憧憬甚至宣讲中。这样的理解和认识不仅错误,而且是有害的,因为纵观人类历史,任何一个国家、任何一个民族的崛起或复兴,深层次上都是文化软实力的崛起或复兴。

因而,必须指出的是,中国梦从内涵上讲是硬实力和软实力的综合,我们不能把中国梦的内涵单一地理解为硬实力的体现,中国梦有着软实力不可或缺的内涵,以国家富强、民族振兴、人民幸福为核心内涵的中华民族伟大复兴的中国梦必须要有文化根基和价值支撑才能实现。国家的富强和崛起,不仅仅意味着做军事的经济的强国,而且意味着更要成为文化的强国,成为思想文化价值观富有生命力、凝聚力和吸引力的国家;民族的振兴与复兴,更应该是中华民族优秀文化的崛起,是中华民族以自己文明独特的方式实现的崛起,其于深层次上本身就是软实力的崛起;人民幸福也不仅仅体现在物质的经济的富足,更应该是高水准的人的文明素质、精神境界、思想价值观的体现。

由此观察当下中国,实现伟大复兴的中国梦,在经济、军事等硬实力不断提升的同时,中国的软实力建设需要做的工作更显艰巨和富有挑战性。

---

❶ 白岩松:《中国梦是一个由国到家的过程》,《南方日报》,2013年2月28日。

第三章 中国梦：问题与挑战

一、警惕两个错误声音和两种错误认识

有一种声音说，讲伟大复兴中国梦不能讲实现中国梦我们还面对着许多问题与挑战，这是对实现中国梦没有信心的表现。思想理论界和学术界关于问题与挑战方面的论述，同样是关注不够的。至于社会底层的草根民间，人们更是热衷于畅想实现伟大复兴中国梦的愿景和由此给个人带来的美好生活的福利，畅谈实现伟大复兴中国梦的理想对自己意味着什么样的幸福生活。故而，围绕伟大复兴中国梦，一直有一种浮躁的情绪和氛围，一直有一种思想认识的偏颇，表现为长久以来重视未来梦想实现的憧憬，忽视或者说是轻视实际面对问题和挑战的正视与研究，深层次是不愿意直面问题与挑战的，并且把对问题与挑战的正视、认知和研究，当作对实现中国梦信心不足、认识不够的表现。这种倾向是非常有害的。比前一种声音和倾向弱但也在一定程度上存在的另一种则是对伟大复兴中国梦的实现本身持悲观情绪，认为那不过是一种梦想而已，这种倾向和声音深层次上是对中国梦的实现抱着深度的疑虑，这种倾向同样是非常有害的。

我们既反对盲目乐观论，也反对消极悲观论，如前所述，我们坚信实现中华民族伟大复兴的中国梦不仅是中华民族历史发展的必然趋势，而且代表了全体中华儿女的迫切愿望，我们是对实现伟大复兴中国梦持有坚定信心者，我们的信心是建立在对社会发展规律和人民群众意愿认知的基础上的。当然，还应该指出的是，我们的信心不仅仅是建立在对事物发展的客观规律及由规律决定的事物发展的趋势的认识基础上的，更是建立在对自身存在问题清醒的认知基础上的。对于伟大复兴中国梦来讲，认清其必然实现的发展大势，又正视其必须应对的挑战与必须要解决的问题，是拥

有高度的历史自觉的表现，是关于中国梦的最为正确最为恰当的态度。

二、实现中国梦必须破解的问题与挑战

应该说，不是仅仅因为我们看到了实现伟大复兴中国梦还面对着诸多问题与挑战，实事求是地讲，以习近平为总书记的党中央，对实现中国梦还必须面对的诸多问题与挑战，一直以来有着清醒的判断。中国共产党第十八次全国代表大会是完成中央领导集体顺利交接的大会，在大会的报告中这样写道："必须清醒看到，我们工作中还存在许多不足，前进道路上还有不少困难和问题。主要是：发展中不平衡、不协调、不可持续问题依然突出，科技创新能力不强，产业结构不合理，农业基础依然薄弱，资源环境约束加剧，制约科学发展的体制机制障碍较多，深化改革开放和转变经济发展方式任务艰巨；城乡区域发展差距和居民收入分配差距依然较大；社会矛盾明显增多，教育、就业、社会保障、医疗、住房、生态环境、食品药品安全、社会治安、执法司法等关系群众切身利益的问题较多，部分群众生活比较困难；一些领域道德失范、诚信缺失；一些干部领导科学发展能力不强，一些基层党组织软弱涣散，少数党员干部理想信念动摇、宗旨意识淡薄，形式主义、官僚主义问题突出，奢侈浪费现象严重；一些领域消极腐败现象易发多发，反腐败斗争形势依然严峻。"❶ 这是新的中央领导集体在即将治国理政之初对自身面对局面的清醒判断，亦是对实现伟大复兴中国梦面对的问题与挑战的清醒认知，这种认知和判断伴随着中国共产党十八大至今的治国理政的实践而不断地得到深化，十八大以来党中央治国理政的实践也在正视问题、应对挑战、全面深化改革中不断推向前进。对问题和挑战的认知和判断，是做好各项工作的前提，是推进中华民族伟大复兴事业的前提，体现了一种难能可贵的高度的历史自觉，体现了对实现伟大复兴中国梦的使命意识、责任意识和担当精神。

应该看到，实现中华民族伟大复兴的中国梦，我们面对的挑战是全方位的。秉持对实现伟大复兴中国梦的使命意识和担当精神，我们对实现中国梦需要破解的问题和必须应对的挑战的主要内容，做一简要的思考分析

---

❶ 胡锦涛：《在中国共产党第十八次全国代表大会上的报告》，人民出版社2012年版。

和梳理。

（一）经济建设

成功度过经济发展的瓶颈期，越过中等收入陷阱，晋升经济富国之列，为两个一百年目标的实现奠定坚实的物质基础，为中国梦的实现奠定雄厚的物质前提。这就是实现中国梦在经济建设方面必须解决的问题和必须面对的挑战。

在经历了30多年的改革开放经济高增长之后，中国经济增长进入一个艰难发展的瓶颈期。面临着外部经济环境和内部经济形势等宏观大趋势的变迁和转换，支撑我国改革开放以来30多年经济高增长的诸多因素，不再能够继续发挥作用。从外部来看，我们面对着自2008年以来，美国次贷危机引发的全球金融危机带来的世界经济的持续低迷与深度调整，经济发展面临着世界经济下行通道中的低潮期，因而，使得我国经济发展处在外部因素不佳、外部形势不振的状态。从内部来看，我国迫切需要实现经济发展方式的深刻转变、经济发展结构的深度调整、经济发展动力的深度转换，过去30多年支撑我国经济发展的高投入、高能耗、高污染、低劳动附加值的"三高一低"的旧的生产方式已经难以为继，走到了尽头，不再适合也不再能够用以拉动中国经济的增长了，迫切地需要转换以创新为引领的经济发展的新动力，迫切地需要在"创新、协调、绿色、开放、共享"的五大发展理念的基础上实现发展方式的真正转换。因为处于前后两种发展方式和发展动力的转换期，使得中国经济的发展处于一个艰难的脱胎换骨般的瓶颈期。

与中国经济发展的艰难的瓶颈期相伴随的是中国同时面临着如何跨越中等收入陷阱、成功晋升经济富国的考验和难题。

按照世界银行的标准，经济体可以划分为低收入、中等收入和高收入三类：平均收入在1005美元以下算低收入经济体，在1006~3975美元之间为中低收入经济体，中高收入经济体的平均收入为3976~12275美元，高收入经济体的平均收入为12276美元以上，截至2015年7月1日世界银行的归类，中等偏上收入国家的人均GDP在4126~12735美元之间。世界银行在《东亚经济发展报告（2006）》中提出了"中等收入陷阱"的概念，其基本含义是指，当一个国家的人均收入达到中等水平后，由于不能顺利实现经济发展方式的转变，导致经济增长动力不足，最终出现经济停滞的一种状态；并且认为，鲜有中等收入的经济体成功地跻身为高收入国家行列，这些中等收入国家由于陷入了经济增长的停滞期，既无法在工资方面与低收入国家竞争，又无法在尖端技术研制方面与富裕国家竞争；认为绝大多数的发展中国家，都存在所谓的"中等收入陷阱"问题，比如墨西哥、巴西、菲律宾、马来西亚、南非以及东南亚和拉丁美洲的一些国家，它们一般在20世纪70年代均进入了中等收入国家行列，但是直到现在，这些国家仍然挣扎在人均国内生产总值4000~12000美元的发展阶段，并且见不到新的增长的动力及其转换的希望。"中等收入陷阱"，又被称为拉美陷阱，一些拉美国家出现了中等收入陷阱的典型症候，比如阿根廷在1985年人均GDP就达到了5000美元，徘徊至今30年也没能达到12000美元以上，没能跨过中等偏上收入阶段，长期在5000~10000美元水平徘徊。目前，全球大约已有70个国家进入高收入行列，已经跨入高收入的国家，这些国家平均用了12年4个月走出了中等偏上收入阶段，在较短时间内跨过"中等收入陷阱"的是韩国和日本，韩国用了8年的时间跨越，日本用了12年跨越了"中等收入陷阱"。"中等收入陷阱"意味着，一个经济体从中等收入向高收入迈进的过程中，既不能重复又难以摆脱以往由低收入进入中等收入的发展模式，很容易出现经济增长的停滞和徘徊，人均国民收入难以突破10000美元。进入这个时期，经济快速发展积累的矛盾集中爆发，原有的增长机制和发展模式无法有效应对由此形成的系统性风险，经济增长容易出现大幅波动或陷入停滞。大部分国家由于长期在中等收入阶段徘徊，迟迟不能进入高收入国家行列，由此衍生出民生问题严峻、贫富差距加大、社会矛盾聚集等诸多问题，甚至危及社会稳定，严重的导致社会动荡时有发生，这些众多社会政治问题反过来又加剧了经济发展方式转变和经济增长的困难，如此形成恶性循环，迟迟走不出"中等收入陷阱"的阶段。

不言而喻，摆在正处于转型发展的瓶颈期的中国面前的正是如何跨越"中等收入陷阱"的挑战和难题。中国在2011年的人均GDP就已经越过了4000美元，2015年的人均GDP已经处在大约8000美元的水平，如果能够顺利实现经济发展方式的转变，寻找到经济增长的新动力，就可以跨过"中等收入陷阱"，到2020年，中国就能够成功进入高收入国家行列；反之，如果不能顺利跨过去的话，就有可能陷入"中等收入陷阱"。

尽快度过经济发展的瓶颈期，跨越"中等收入陷阱"，对于目标是实现中华民族伟大复兴的中国意义重大。在经济上它关系着我国在经历30多年的经济高增长之后，在经济发展的基础上能否进一步解决老百姓关心的民生问题、社会公平问题、全面小康和共同富裕的问题，关系着能否为两个一百年目标的实现奠定坚实的物质基础，为中国梦的实现奠定雄厚的物质前提的问题。这意味着它绝不仅仅是一个经济问题，更深层次来看，它更是一个政治的社会的问题。改革开放30多年来，中国共产党执政的合法性的重要体现是通过经济发展、经济的高增长，人民生活水平的大幅度提高，社会民生福利的逐步完善和提升而实现的，这样一个让人民群众共享改革发展成果的局面，使得中国共产党获得人民群众的拥护，使得中国在东欧巨变、苏联解体的大历史格局变动中，不仅没有发生如西方预期的与苏联一样的局面和结局，而且在进入21世纪以后，以世界震惊的速度快速发展，成为世界第二大经济体。今天，面对经济发展的瓶颈期，经济发展的速度必然会降下来的情况，由过去的"共享发展成果"，到现在要求"共同渡过难关"，表面上看是一个经济问题，民生问题，实质上则是政治和社会问题，如何规避和解决其中的矛盾和风险，使"中等收入陷阱"不至于演变为政治的、执政的、社会的陷阱，是必须面对的挑战。与此同时，经济增长的速度降下来之后，社会给年轻人提供的向上流动的机会就会变小变窄，社会阶层固化就会出现，伴随经济快速发展的社会人才流动不仅是支撑中国改革开放30多年经济高增长的因素，而且是中国改革开放30多年社会公平的一个重要体现和内容，在经济增长速度降下来之后，如何进一步实现社会公平，以什么方式实现社会公平就鲜明地摆在执政党和政府面前，换言之，能否以强力反腐和推进全面改革实现对既得利益集团和贪腐集团的特权与利益垄断的破除，就成为一个严峻的课题，这同样是使"中等收入陷阱"不至于演变为政治的、执政的、社会的陷阱的关键，当然是关系中华民族伟大复兴中国梦能否实现的关键。

2014年11月10日，习近平在北京出席亚太经合组织领导人同工商咨询理事会代表对话会时说："对中国而言，'中等收入陷阱'过是肯定要过去的，关键是什么时候迈过去、迈过去以后如何更好向前发展。我们有信心在改革发展稳定之间，以及稳增长、调结构、惠民生、促改革之间找到平衡点，使中国经济行稳致远。"❶ 对于如何才能避免陷入"中等收入陷阱"，习近平不断强调指出，通过全面深化改革开放，加快转变经济发展方式，加大经济结构调整力度，实施创新驱动战略，以使中国在未来相当一段时期内保持中高速增长，而且经济质量会不断提升，在此基础上不断提高人民生活水平，实现对中等收入陷阱的成功跨越。

十八届五中全会针对中国经济现阶段的特性及其面对的挑战，提出了以"创新、协调、绿色、开放、共享"五大发展理念为指导，紧紧抓住"十三五"时期这个全面建成小康社会的决胜期，谋求实现中国经济的健康发展。在此基础上，依据十八届五中全会的建议制订的"十三五"规划，是明确针对跨越"中等收入陷阱"这一难题的。因而，坚持创新发展，注重解决发展动力问题，推动经济保持中高速增长、迈向中高端水平；坚持协调发展，注重解决发展不平衡问题，着力增强发展的整体性；坚持绿色发展，注重解决人与自然和谐问题，建设天蓝地绿水清的美丽中国；坚持开放发展，注重解决发展内外联动问题，进一步提升开放型经济水平；坚持共享发展，注重解决社会公平正义问题，不断增进人民福祉，进一步开创中国经济社会发展新局面。在此基础上，在转型中促进发展，在发展中实现转型，走出经济发展瓶颈期，破解并跨越"中等收入陷阱"，如期实现全面建成小康社会的目标，进而走向高收入阶段晋升经济富国行列。

（二）政治建设

成功推进全面深化改革，真正实现全面依法治国，成功跨越"塔西佗陷阱"，达到国家治理体系和治理能力的现代化，完善和发展好中国特色社会主义制度，为两个一百年目标的实现奠定坚实的政治基础，为中国梦的实现奠定牢固的政治前提。这就是实现中国梦在政治建设方面必须解决的问题和必须面对的挑战。

实现两个一百年的目标，实现中华民族伟大复兴的中国梦，绝不能仅仅理解为经济方面的目标。就中国的国情和现实来讲，实现伟大复兴中国梦的题中应有之义是实现国家治理体系和治理能力的现代化，在此基础上

---

❶《人民日报》，2014年11月11日。

完善和发展好中国特色社会主义制度；无论是建党一百年的全面建成的小康社会，还是建国一百年的富强、民主、文明、和谐的现代化强国，内在的都包含通过国家治理体系和治理能力的现代化，以达到完善和发展中国特色社会主义制度这一命题。实现国家治理体系和治理能力的现代化，完善和发展中国特色社会主义制度，又必须通过推进全面深化改革而实现全面依法治国才能完成。在此基础上，我们才能探讨和在实践中推进发展中国特色社会主义民主政治，走出一条具有中国特色的社会主义政治发展道路的问题。上述的这些内容，每一个都有着丰富的内涵，包含着尖锐而复杂的挑战和难题。

全面深化改革是党的十八大之后以习近平为总书记的新一届中央领导集体治国理政的重要举措，中国共产党的十八届三中全会围绕全面深化改革这个主题进行了全面的部署。全面深化改革更是习近平为了实现中华民族伟大复兴中国梦提出的"四个全面"战略布局的重要内容，是在实现两个一百年目标基础上，实现中华民族伟大复兴的战略动力。十八大以来，习近平总书记一再强调全面深化改革对于党的事业、对于中华民族伟大复兴的重要意义。2013年11月，习近平受中央政治局委托，在中共十八届三中全会上对推进改革的形势和困难作了详细的说明，他说："正是从历史经验和现实需要的高度，党的十八大以来，中央反复强调，改革开放是决定当代中国命运的关键一招，也是决定实现'两个一百年'奋斗目标、实现中华民族伟大复兴的关键一招，实践发展永无止境，解放思想永无止境，改革开放也永无止境，停顿和倒退没有出路，改革开放只有进行时、没有完成时。面对新形势新任务，我们必须通过全面深化改革，着力解决我国发展面临的一系列突出矛盾和问题，不断推进中国特色社会主义制度自我完善和发展。"[1] 我们必须看到，全面深化改革自身面对着极为严峻的困难和挑战，这就是中国的改革已经走过了30多年的路程，取得了举世瞩目的巨大成就，被世界公认为"中国崛起"或"中国奇迹"；在30多年后的今天，中国改革已经进入了深水区，中国改革深层次的问题显然要比改革初期严峻得多，需要解决的都是难啃的硬骨头。在这样的背景下，改革出现了一种停滞，"有人不愿意往下走了"，就是改革走到半路的时候，出

---

[1] 习近平：《习近平谈治国理政》，外文出版社2014年版，第71页。

现了既得利益阶层和集团，他们不愿意改革继续深入推进，党内一些人思想上也产生了懈怠的情绪，甚至演化形成了一种相对稳定的体制状态，改革出现了中梗阻。有效地破解全面深化改革的阻力，坚持改革的正确方向，在既不走封闭僵化的老路、也不走改旗易帜的邪路的前提下，实现以全面深化改革推动中华民族伟大复兴事业，是摆在中国共产党面前的必须破解的课题，它将长久地伴随着中华民族伟大复兴的事业，需要中国共产党人持之以恒地完成，交出人民满意的答卷。

正如习近平指出的，全面深化改革和全面依法治国是鸟之两翼、车之两轮。如果说全面深化改革是破，那么全面依法治国则是立。在全面深化改革的基础上实现全面依法治国，从而在实现国家治理体系和治理能力的现代化的基础上完善和发展好中国特色社会主义制度，是实现中华民族伟大复兴的不可或缺的重要一环。对此，2014年，习近平《在省部级主要领导干部学习贯彻十八届三中全会精神专题研讨班上的讲话》中强调，从形成更加成熟更加定型的制度看，我国社会主义实践的前半程已经走过了，前半程我们的主要历史任务是建立社会主义基本制度，并在这个基础上进行改革，现在已经有了很好的基础。后半程，我们的主要历史任务是完善和发展中国特色社会主义制度，为党和国家事业发展、为人民幸福安康、为社会和谐稳定、为国家长治久安提供一整套更完备、更稳定、更管用的制度体系。"与此同时，我们也必须看到，只有在全面依法治国的基础上，我们才能实现国家治理体系和治理能力的现代化，才能实现完善和发展中国特色社会主义制度这一改革总目标。处在这样一个理论和实践的逻辑里面，全面依法治国的建成，本身就包含着极其艰难的挑战。

综观当下中国法治现状及其存在的问题，可以说，全面依法治国面对的挑战更是全面而多层次的，对于中国来说，综合起来，归根结底是肃清封建主义的残余和影响，培育社会主义法治文化和法治精神的挑战。中国没有经历过西方那样典型的资本主义社会，中国社会是在经历了2000多年的封建专制社会之后，从半殖民地半封建社会进入社会主义社会的。这样独特的社会历史进程，留给我们的思想文化资源主要是封建专制主义，现代民主法治的思想和传统十分匮乏，因而，我们在法治文化方面必然存在许多封建主义的残余和影响，这决定了中国特色社会主义法治文化建设的首要任务是反对和肃清封建主义影响。新中国成立后，虽然建立了社会主义的经济政治制度，努力着手建设社会主义新文化，但是回顾新中国成立以来60多年的历史，我们仍然可以清晰地看到封建主义的影响不仅仍然存在，甚至在一些方面还很根深蒂固。改革开放以来，在深刻吸取"文革"教训的基础上，中国重新回归法治化轨道，重新开启了依法治国、建设社会主义法治国家的进程，党的十五大确定依法治国基本方略，十八届四中全会确立了全面推进依法治国、建设社会主义法治国家的蓝图和目标，向世人表明了中国在依法治国的轨道上建设社会主义强国、实现中华民族伟大复兴的中国梦的决心和信心。然而，时至今日，社会主义法治文化的建设仍然受到封建主义残余思想文化的困扰和影响。比如，群众路线教育实践活动中被列为重点集中清理的"四风"，即官僚主义、形式主义、享乐主义、奢靡之风，无一不体现封建主义残余的影子，无一不是封建主义思想残余的体现。强力反腐过程中揭露出的党和国家政治生态存在的山头主义、圈子文化、封妻荫子、政商勾结、钱权交易等诸多问题，更是体现了封建主义残余思想文化的渗透影响，而且是在新的历史条件下变异演化泛滥的结果。它们和社会主义法治精神不仅相去甚远，而且背道而驰，更重要的是，它们已经成为构建社会主义法治文化，建设社会主义法治国家的阻力和障碍。由此可见，肃清封建主义残余影响以建设社会主义法治文化，塑造全社会的法治精神和法治信仰，是当下中国推进全面依法治国进程中必须破解的严峻课题。

实现中华民族伟大复兴在政治上面对的挑战，也可以表述为，如何实现国家治理体系现代化，实现国家长治久安，使中国成为公平正义和民主法治的典范国家的挑战。在当代中国，破解这些问题，前提是我们必须首先成功跨越"塔西佗陷阱"。"塔西佗陷阱"是著名的政治学定律，得名于古罗马时代的历史学家塔西佗。通俗地讲就是指当政府部门失去公信力时，当公权力遭遇公信力危机时，无论发表什么言论，颁布什么样的政策，社会都会给以其负面评价，无论说真话还是假话，做好事还是坏事，都会被认为是说假话、做坏事。可以说，近年来层出不穷的社会群体性事件就是这一定律的突出体现。甚至中国社会日益紧张的医患关系和医患冲突，同样是这一定律发生作用的体现。类似"塔西佗陷阱"的场景，在我们生活中时有发生，正是在这些突发性公共事件中，一些地方政府部门的舆情应对，经常性掉入这个陷阱：无论政府说什么，老百姓就是不相信。

甚至于像公检法这样的执法司法机关，也经常被网络舆论和媒体风暴所裹挟，深陷失信的漩涡。

2014年3月18日，习近平在河南省兰考县指导群众路线教育实践活动，在出席河南省兰考县委常委扩大会议上的讲话中说：古罗马历史学家塔西佗提出了一个理论，说当公权力失去公信力时，无论发表什么言论、无论做什么事，社会都会给以其负面评价，这就是"塔西佗陷阱"。他说，我们当然还没有走到这一步，但存在的问题也不谓不严重，必须下大气力加以解决。如果真的到了那一天，就会危及党的执政基础和执政地位。兰考是"县委书记的榜样"焦裕禄同志生活和工作过的地方，是焦裕禄精神的发源地，在兰考这样一个有标杆性意义的地方，习近平提出"塔西佗陷阱"的问题，背后是很富深意的，习近平是要提醒全党警惕"塔西佗陷阱"，因为"塔西佗陷阱"背后的深层意涵，决不仅仅局限于政府治理的能力和水平，实际上它关系到政权的合法性这个大问题，关系党执政合法性这一大问题，也就是说，透过对"塔西佗陷阱"这样问题的关注，以习近平为政治核心的党的十八大中央领导集体深层次关注的是政权的人心向背的大问题。同样是在兰考，习近平还讲过这样两段话，他说：如果群众观点丢掉了，群众立场站歪了，群众路线走偏了，群众眼里就没有你，真的到了那一天，就会危及党的执政基础和执政地位。他强调，党员干部要从严要求自己，保持好在群众中的形象和公信力。他还说，如果我们党不能自己解决自身的矛盾和问题，长期积累下去，那就要发生我说过的霸王别姬的问题了，那就不是一般的被动，而是为时已晚了。习近平强调，人心是最大的政治，中国共产党的合法性源自于历史，是人心向背决定的，是人民的选择。办好中国的事情，就要看人民高兴不高兴、满意不满意、答应不答应。经济发展、物质生活改善不是问题的全部，人心向背也不仅仅决定于这一点，如果我们掉入"塔西佗陷阱"，无论说什么做什么，社会都不会有正面评价，哪怕账面上的数字有多好看也没有用，因为被数字掩盖的正是人心的失去，真到了这一天，"就会危及党的执政基础和执政地位"。

由此，我们可以清楚地看出，不成功跨越"塔西佗陷阱"，就根本谈不上实现国家治理体系和治理能力的现代化，也就不可能实现国家的长治久安，不可能实现中华民族的伟大复兴。

(三) 社会建设

在持续改善民生与创新社会治理中，培育公民社会，构建全民共建共享的社会治理格局，为两个一百年奋斗目标的实现奠定坚实的社会基础，为中国梦的实现奠定和谐的社会局面。这就是实现中国梦在社会建设方面必须解决的问题和必须面对的挑战。

社会建设首先是持续地保障和改善民生的问题，它涵盖了新世纪以来人们倍加关心的教育、医疗、就业、收入分配等问题。笔者的本意，具体的民生内容，诸方面面对的挑战，因为当前各方面的研究者论述比较多，也比较全面，这里就不做赘述了。

将持续地保障和改善民生的问题，放在当下中国经济发展的宏观大背景下来看，我们面对的挑战，其一，是经济增长速度减缓条件下如何保障民生的持续的改善问题，是在做到让人民群众有获得感的前提下，如何实现经济增速与民生改善相协调的问题，这个问题处理得如何关系到能否成功跨越中等收入陷阱的问题，因为世界上一些国家提供的教训表明，民粹主义，过度福利化，可以一时讨好民众，但是造成经济效益低下，恰恰是陷入中等收入陷阱的根源。其二，是如何通过精准扶贫、精准脱贫打好扶贫攻坚这一仗，赢得全面建成小康社会的真正成功，为共同富裕奠定坚实的前提基础，为实现中华民族的伟大复兴奠定前提基础。这是关系2020年全面建成小康社会的关键，任务是极其艰巨的，挑战巨大。其三，在中国发展的现阶段，因为中国社会地区发展程度差异巨大，中国的发展是以几十年的时间完成了西方几百年走过的路，发展中的诸多因素又是不全面、不协调的，因此如何制定科学有效的民生政策，使之摆脱顾此失彼、左右为难的状态，使之既利于继续发展又利于赢得民心，就成为摆在党和政府面前的挑战和难题。

社会建设方面的另一个挑战是如何应对社会流动的减弱，阶层的固化与社会的板结。改革开放30多年，中国经济高增长的原因之一是中国社会实现了向上趋势的社会流动，这是中国经济奇迹的动力源。每个改变个人命运的努力，都成就了人生命运的改变或个人财富的积累，所以，30多年的改革开放是个人梦想成就了大国经济，也是大国的崛起成就了个人梦想。进入新世纪以来，赢得中国经济奇迹的社会自下而上的流动趋势开始减弱，阶层固化和社会板结开始初显。不解决这个问题，经济进一步发展的动力就会减弱，社会公平也就难以实现，这恰恰和实现中华民族伟大复兴的中国梦相左，因而是我们必须解决的问题。

社会建设方面的另一个更深层次的挑战是不同社会阶层基于利益差距加大而导致的社会阶层的分化，并且在这种分化中有了一定程度的社会撕裂的表征。中国过去30多年的改革发展，经济发展速度甚至超过了日本和"亚洲四小龙"，但是中产阶级的比例却远不及他们，日本和"亚洲四小龙"在经济起飞20多年后，中产阶级的比例就可以达到约80%，而中国只有20%。因此社会稳定、民主法治以及公民社会建设都存在着问题。近年来，随着社会贫富差距的加大，不同阶层经济利益的差距越发加大，使得不同社会阶层围绕社会发展的重大问题及社会热点事件在利益、观念、愿望、主张上差距日益加大，社会弥合困难，显现出社会撕裂的症候。比如，社会的精英群体和底层的草根民间在对待西方的民主自由、如何评价毛泽东时代的态度上几近于对立，甚至这种撕裂更为鲜明地表现在对社会热点事件的态度上。仅以2016年舆情发酵最严重的雷阳事件为例，笔者关注了不同人群对这一事件的态度，在跟踪调研中发现，事件发生后，质疑警方的大多是知识精英，而底层民众更多地怀疑雷阳自身有问题，前者的态度大多缘于知识精英们在社会发展过程中物质的经济条件之上更高的政治的精神的要求，后者的态度更多缘于作为底层民众基本生存的需求，前者侧重于"形而上"，后者侧重于"常识"。在对待中国共产党的执政态度上，前者批评多于肯定，后者则肯定多于批评。社会的前行、国家的崛起、民族的复兴是需要各阶层在各自担当的前提下，互相包容，达成和解的。因而促进阶层融合、避免社会撕裂是社会建设必须破解的难题。

（四）文化建设

以社会主义核心价值观凝心聚力，增强对党的主流意识形态的认同，弘扬中华优秀传统文化，建设社会主义文化强国，提升国家文化软实力，为两个一百年目标的实现奠定坚实的文化软实力基础，为中国梦的实现奠定文化软实力前提。这就是实现中国梦在文化建设方面必须解决的问题和必须面对的挑战。

当我们对改革开放30多年的中国做一个软硬实力发展状况的分析的时

候，就会发现，当代中国的软实力建设面临着极其严重的挑战。我们在改革开放 30 多年取得经济、军事、科技等硬实力方面的显著成就的同时，我们的文化软实力建设却出现了严峻的问题。在经济实力晋升为世界第二大经济体的同时，我们社会的一定层面出现了信仰危机、道德滑坡、价值错位、共识缺位。这些问题从根本上阻碍着中华民族伟大复兴的进程。比如，在共产党员的群体中出现了不信马列信鬼神、不信马列信金钱，曾经在影、视、歌、商大腕云集拜风水大师王林的时候，甚至同样出现了刘志军这样的省部级以上官员的身影；在我们社会的精英群体中出现了道德的滑坡甚至道德的沦丧，体现了社会发展到这个阶段的道德危机；因为拜金主义成为时尚，我们社会出现了严重的价值错位，其标志性的应是相亲节目《非诚勿扰》的尽人皆知的经典台词"宁可坐在宝马车里哭，也不坐在自行车上笑"，价值的错位使得人们在对错、美丑、是非、好坏等问题上扭曲了标准；在这样的背景下，整个社会共识的缺位也就必然发生，历史虚无主义是其中最为显著的代表，抹黑英雄人物，篡改党史国史军史，歪曲丑化领袖人物，对经过历史和实践检验的真理性认识进行质疑和颠倒，思想意识形态领域众声喧哗。英国已故前首相撒切尔夫人对中国有一个咒语是说，中国成不了超级大国，因为中国没有那种用来推进自己的权力，进而削弱我们西方国家的具有"传染性"的学说。实现中华民族的伟大复兴，必须破掉撒切尔夫人的咒语，也就是说，必须提升中华民族的文化软实力。提升文化软实力就必须解决当下中国存在的信仰危机、道德滑坡、价值错位、共识缺位等诸多问题，重塑我们的信仰、重拾我们的道德、重拾我们的价值、重建我们的共识，这样，我们的文化软实力才能担当起支撑中华民族伟大复兴的重任。

当然，文化软实力建设方面我们还面对着诸多挑战，诸如：如何增强全社会成员对社会主义核心价值观的认同感，以社会主义核心价值观凝心聚力；如何增强全社会对中国共产党的主流意识形态的认同，提升在关于中国社会发展的重大问题上的思想共识；如何科学地对待中华传统文化，做到取其精华、去其糟粕；如何科学地对待世界先进文化特别是仍处于强势地位的西方文化，做到兼容并包、博采众长；如何实现从文化大国到文化强国的成功跃升，提升国家的文化软实力。总之，如何恢复中华民族的创造精神，使中国人成为世界高尚品格的代表，使中国精神能够像灯塔一样驱散黑暗，照亮人类进步的航程，从而使中华民族的伟大复兴成为经过现代化转换条件下的中华文化复兴，这便是摆在中华民族面前的最为艰巨的挑战。

(五) 党的建设

通过全面从严治党的推进，实现革新执政党的现代化，为两个一百年奋斗目标的实现奠定坚强的组织保证，为中国梦的实现锻造坚强的领导核心。这就是实现中国梦在党的建设方面必须解决的问题和必须面对的挑战。

党的建设面对的挑战，宏观上体现在两个方面：一方面，是在新的历史条件下，能否做到保持党的性质，保持党的理想信念和宗旨不动摇，能否做到不改党的全心全意为人民服务的本色，能否做到不忘初心。这是保持党的本色所在。中国共产党自1921年成立至今，在95年的艰辛奋斗历程中，不断面对着艰难困苦和各种风浪的考验，战胜这些考验和困难，党只有保持初心不变，保持本色不改，才能永远地获得人民群众的拥护，永远地立于不败之地，持久地获得执政的合法性，引领中华民族的伟大复兴。应该看到，党在新的历史条件下面对着执政考验、改革开放的考验、市场经济的考验和外部环境的考验，面临着的精神懈怠的危险、能力不足的危险、脱离群众的危险和消极腐败的危险，比起革命初期更加危险。唯有通过全面从严治党，才能解决党永不变色的问题，正如习近平在庆祝中国共产党成立95周年大会上的讲话中指出的："我们党已经走过了95年的历程，但我们要永远保持建党时中国共产党人的奋斗精神，永远保持对人民的赤子之心。一切向前走，都不能忘记走过的路；走得再远、走到再光辉的未来，也不能忘记走过的过去，不能忘记为什么出发。面向未来，面对挑战，全党同志一定要不忘初心、继续前进。"❶ 保持本色，不忘初心，是中国共产党在未来前进道路上必须时刻牢记并努力实践的党的建设的根本，亦是未来前进道路上中国共产党在错综复杂的国内外条件下必须面对的挑战。

---

❶ 习近平：《在庆祝中国共产党成立95周年大会上的讲话》，《北京日报》，2016年7月2日。

党的建设面对的挑战，另一方面则是如何实现革新执政党的现代化，使中国共产党在时代和历史条件变迁的过程中，与时俱进地实现自身的现代化的问题。这是保证党的生命力所在。中国共产党自1921年成立至今，经历了革命、建设、改革的不同历史时期，伴随着党的事业的推进与发展，党自身也经历着从革命党向执政党的转变，从领导计划经济的党向领导市场经济党的转变。当前，在推进全面深化改革和全面依法治国的背景下，我国由革命、建设、改革进入到实现国家治理现代化时期，我们党正在肩负着推进国家治理体系和治理能力的现代化，完善和发展中国特色社会主义制度的任务和使命，完成这个使命，要求中国共产党进行再一次的深度自我革新，实现中国共产党作为执政党的现代化，即国家治理现代化，要求党的建设实现科学化和党自身的治理的现代化。这就要求中国共产党要与时俱进地研究新情况解决新问题，探讨治理现代化背景下的党执政的科学方式，只有这样，党才能胜任中华民族伟大复兴领导核心的任务和使命。无疑，在探讨国家治理体系现代化的背景下探寻革新执政党自身的现代化，是一个伟大而艰难的挑战。

在不忘初心的基础上，实现党的自我革新，实现革新执政党的现代化，实现党的建设与时俱进的现代化，是中国共产党为完成实现中华民族伟大复兴的使命和责任，必须不断应对的挑战和必须不断解决的问题。它将伴随着中华民族伟大复兴的历史进程，伴随着中国共产党的事业成功。

（六）和平发展

在坚决维护国家核心利益的前提下，坚定不移地走和平发展道路，避免陷入"修昔底德陷阱"，为两个一百年目标的实现营造良好的外部环境，为中国梦的实现构建新型的国际关系。这是实现中国梦在外部环境方面必须解决的问题和必须面对的挑战。

"修昔底德陷阱"的说法源自古希腊著名历史学家修昔底德，是说一个新崛起的大国必然要挑战现存大国，而现存大国也必然会回应这种威胁，这样战争变得不可避免。修昔底德认为，当一个崛起的大国与既有的统治霸主竞争时，双方面临的危险多数以战争告终。

随着中国晋升为世界第二大经济体，就意味着中国在冲破近代以来由美国和西方国家主导的世界格局，美国越来越把中国当作战略竞争对手和潜在的敌人，加之，中国的社会制度和意识形态与西方有着根本的不同，中国的发展壮大在西方一些国家看来，带来的不是机遇而是挑战。他们不遗余力地宣扬"中国威胁论"。与此同时，为了遏制中国的发展，在关乎中国核心利益的问题上，利用政治、经济、军事、外交等手段给中国不断制造麻烦。这是中国崛起过程中必然要遭遇的情况，是实现伟大复兴中国梦必须要应对的挑战，是实现中华民族伟大复兴的一道必答题。考验着中国共产党人和中国人民和平发展的决心和智慧，考验着我们实现中华民族伟大复兴的决心和智慧。

习近平指出，"修昔底德陷阱"并不是一种现实的客观存在，而是由大国之间主观上相互战略误判引起的。为此，习近平提出了构建新型大国关系的战略构想。2015年9月22日，习近平在美国华盛顿州当地政府和美国友好团体联合举行的欢迎宴会上发表演讲时指出，我们愿同美方加深对彼此战略走向、发展道路的了解，多一些理解、少一些隔阂，多一些信任、少一些猜忌，防止战略误解误判。我们要坚持以事实为依据，防止三人成虎，也不疑邻盗斧，不能戴着有色眼镜观察对方。世界上本无"修昔底德陷阱"，但大国之间一再发生战略误判，就可能自己给自己造成"修昔底德陷阱"。习近平还提出了"命运共同体"的思想，强调中国要在重要的国际问题上贡献出自己的中国智慧，以避免"修昔底德陷阱"的发生。他指出，中国的发展是世界和平力量的壮大，是传递友谊的正能量，为亚洲和世界带来的是发展机遇而不是威胁。中国愿继续同东盟、同亚洲、同世界分享经济社会发展的机遇。

但是，尽管如此，在未来的发展中，在中华民族伟大复兴中国梦实现的过程中，坚决维护国家核心利益，坚定不移地走和平发展道路，避免陷入"修昔底德陷阱"，为两个一百年目标的实现营造良好的外部环境，为中国梦的实现构建新型的国际关系，将是伴随我们的一个持久不变的挑战，这一挑战将伴随着中国梦的实现。

三、归根结底是软实力的挑战

当然，在对实现中华民族伟大复兴必须应对的问题与挑战做了如上分析后，我们仍然认为，所有的挑战归根结底是软实力的挑战。其一，走出经济发展的瓶颈，成功跨越"中等收入陷阱"，需要科学地研判经济发展的趋势，科学地分析经济发展中的问题，需要实事求是地找出破解问题的办法，制定出科学的决策；还需要在应对经济发展不利局面时非凡的战胜困难的决心和信心。总之，需要充分地发挥主体意识的能动性。其二，成功推进全面深化改革，真正实现全面依法治国，顺利跨越"塔西佗陷阱"，达到国家治理体系和治理能力的现代化，完善和发展好中国特色社会主义制度，需要以百折不回的精神面对深化改革中的各种困难和阻力，需要革新我们的思想意识，树立与全面依法治国相协调的思想观念，需要端正对公权力和党执政合法性的认识。总之，观念、意识和精神在其中起着至关重要的作用。其三，在持续改善民生与创新社会治理中，培育公民社会，构建全民共建共享的社会治理格局，对公民观念的培育和素质的改变有着不可替代的要求。其四，以社会主义核心价值观凝心聚力，增强对党的主流意识形态的认同，弘扬中华优秀传统文化，建设社会主义文化强国，提升国家文化软实力，每个内容都是文化软实力建设的关键所在。其五，全面从严治党，革新执政党的现代化，最重要的是重塑中国共产党的精神信仰，重拾中国共产党的立党为公执政为民的初心。其六，在坚决维护国家核心利益的前提下，坚定不移地走和平发展道路，避免陷入"修昔底德陷阱"，为两个一百年目标的实现营造良好的外部环境，为中国梦的实现构建新型的国际关系，本身就是对中华民族整体精神、意志品质和凝聚力的考验。

第四章　中国梦：我们的梦

习近平在十二届全国人大一次会议闭幕会上的讲话中指出："实现中国梦必须凝聚中国力量。这就是中国各族人民大团结的力量。中国梦是民族的梦，也是每个中国人的梦。只要我们紧密团结，万众一心，为实现共同梦想而奋斗，实现梦想的力量就无比强大，我们每个人为实现自己梦想的努力就拥有广阔的空间。生活在我们伟大祖国和伟大时代的中国人民，共同享有人生出彩的机会，共同享有梦想成真的机会，共同享有同祖国和时代一起成长与进步的机会。有梦想，有机会，有奋斗，一切美好的东西都能够创造出来。全国各族人民一定要牢记使命，心往一处想，劲往一处使，用13亿人的智慧和力量汇集起不可战胜的磅礴力量。"❶中国梦归根结底是人民的梦，必须紧紧依靠人民才能实现。中国梦是我们每个中国人的梦想，中国梦更是每个中国人现世今生的梦想，唯一能够成就这个梦想的就是每个中国人一起追梦、一起付出、共同奋斗与担当。

一、最终的决定因素是软实力

有思想者说过，自人类进入文明时代以来，推进文明的根本力量，不会是任何别的因素，只能是理想和信仰，是软实力的力量。理想和信仰等软实力的状况决定了人类精神的质量，从而改变着个人、国家、民族和世界的命运。这是引发众多思想者共鸣的客观真理，也在历史和实践的发展进步中不断地被历史和实践检验和证明着。

2016年是苏共亡党25周年。发生在20世纪90年代初的苏共亡党、苏联解体，与东欧剧变、两德统一诸事件一起，被称为冷战时代结束的标

---

❶ 习近平：《习近平谈治国理政》，外文出版社2014年版，第40页。

志。就世界范围而言，由此开始的时代转换一直在进行；而就前苏联而言，一个成功地赢得了反法西斯战争胜利的强国，由此分裂了，其法定继承者俄罗斯迅速地沦落。这样的事件，无论是对于世界史还是其本国的历史，都有着极大的内涵和分量，足以让人们久久地回味和深思。苏共亡党、东欧剧变将是未来百年甚至千年世界史永远无法绕开的课题，吸引着人们不断地研究不断地思考。在过去的20多年里，不同国家不同立场的学者政要一直未曾放弃对苏共亡党的分析和反思，各种不同的研究观点都在试图向世人解读"苏共亡党""苏联解体"的原因。然而，穷尽中外学者的研究，有一个结论是共识，而且异常深刻、发人深省：苏共垮台和苏联解体的深层次的直接原因是苏共文化软实力大厦的坍塌，是苏共意识形态防线的彻底崩溃，是其对马克思主义和社会主义的理想信念、精神信仰的背叛和离弃。思想和灵魂垮掉了，自然不堪一击，不打自败。苏共为我们提供了意识形态软实力坍塌致使自身垮台的典型例证。

2016年更是中国共产党建党95周年。回望95年的艰辛历程，中国共产党成立之初仅有几十名党员，却只用了28年时间，就取得了全国政权；新中国建设仅仅60多年，就取得了经济总量世界第二的举世瞩目的发展成就。中国共产党靠的是什么？靠的是她的软实力的强大和先进，靠的是她拥有的科学思想理论武装，靠的是这个党的理想信念的坚定和为理想信念的勇于流血牺牲的精神，靠的是其思想意识形态的感召力。无数革命先烈为了共产主义的理想和信仰，慷慨就义，洒尽鲜血；建立人民当家作主的新中国的信念，吸引和动员了广大工农群众和无数的热血青年汇集于革命队伍中。中国共产党95年风雨历程书写的可歌可泣的英雄篇章里，理想和信仰等软实力是战胜苦难走向辉煌的决定因素。因为有不朽的信仰，大革命失败后的共产党人毅然擦干净身上的血迹、掩埋好同伴的尸体，继续战斗；因为有坚定的信念，长征中的共产党人舍生忘死、不畏牺牲，向世人证明精神的力量足以改变个人与世界的命运，也可以决定民族与国家的兴衰。95年的中国共产党向世人证明了，拥有强大的软实力、拥有理想和信仰的制高点最终才成就了中华民族伟大复兴的宏大叙事的使命和担当。

中国共产党95年的光辉成就与苏共垮台、苏联解体，在世界现代史上都是有着非凡意义的历史大事件，它们分别以正反不同的例证，说明了软实力在国家民族命运中的决定意义。

软实力的核心是精神，精神的核心是信仰。实现中华民族的伟大复兴，最终的决定因素是软实力。因而，对于走向伟大复兴的中国来说，软实力的建设不仅至关重要，而且亟待破题。

二、当下中国软实力建设的几个关键要素

软实力建设包含着丰富的内容，在此笔者本意不去重复当前学术界和思想界关于软实力的诸多讨论和论述，只关注软实力的精神层面，关注在软实力的精神层面下中国亟待解决的问题，关注实现伟大复兴中国梦当下中国软实力建设必须具备的要素，在这个意义上，笔者对当下中国软实力建设做如下的思考。

（一）共识：实现伟大复兴中国梦必备的软实力

当下中国软实力建设最关键的要素是共识的达成。

关于这个问题，笔者认为应该从认识和破解"历史周期律"的视角去思考，认为应该从当年黄炎培和毛泽东的"窑洞对"谈起。

1945年民主人士黄炎培访问延安，在窑洞里与毛泽东长谈，他不无忧虑地说："我生60多年，耳闻的不说，所亲眼看到的，真所谓'其兴也浡焉，其亡也忽焉'，一人，一家，一团体，一地方，乃至一国，大凡初时聚精会神，没有一事不用心，没有一人不卖力，也许那时艰难困苦，只有从万死中觅取一生。继而环境好转了，精神也就渐渐放下了。不少单位都没有能跳出这周期率的支配力。一部历史，'政怠宦成'的也有，'人亡政息'的也有，'求荣取辱'的也有。总之没有能跳出这历史周期率。中共诸君从过去到现在，我略略了解的了，就是希望找出一条新路，来跳出这周期律的支配。"毛泽东乐观地回答："我们已经找到新路，我们能跳出这周期率。这条新路，就是民主。只有让人民来监督政府，政府才不敢松懈。只有人人起来负责，才不会人亡政息。"这就是历史上著名的"窑洞对"，黄炎培所提出的周期率被称为"历史周期律"，也称之为"黄炎培历史难题"。

从秦始皇统一六国建立起大一统的中央帝国，到辛亥革命推翻清王朝的2100多年间，许多王朝此亡彼兴，此兴彼亡，存在时间或长或短，这些

王朝都有着相似的历程，即兴盛—停滞—衰亡，继而由新的王朝所取代。王朝的兴亡似乎有一个循环周期，或明或暗地体现着"历史周期律"的作用。

反思"历史周期律"形成和发生作用的原因和机制，不外乎以下因素。其一，任何王朝建立初期，统治者往往能够吸取以往的教训，对生产关系进行一系列的调整，对百姓进行利益的让渡，休养生息、轻徭薄赋，使社会生产力得到一定的发展，使社会矛盾得到一定的缓解。然而，中国历史上任何一个王朝都不能阻挡豪强地主对土地的兼并，随着官僚地主聚敛财富，霸占土地，使农民陷于极度的困苦之中，社会矛盾的激化，民不聊生，最终引发新的农民战争。如此，天下太平不久，社会肌体旧病复发，压迫加重，酝酿再一次的天下动荡，周而复始，不断循环。其二，任何王朝统治初期，统治者都比较有进取心、励精图治，因而政治清明。随着统治者坐稳了江山，贪图享受，腐化堕落，不能体恤民众疾苦，统治更加残暴，政治愈发腐败，最终失去民心。其三，中国古代一直是一个人治的社会，自秦汉起就建立了君主专制体制，往往王朝初期统治者励精图治，品德修养和个人能力都较强，因而一些王朝还出现了被史家所称道的盛世。然而，盛世的后期，都会积聚起日益严重的社会矛盾，统治集团日益腐化，民生日趋艰难，从而引发新一轮的乱世。无疑，封建王朝的社会性质和专制体制从根本上决定了"历史周期律"的发生。失去民心和政治合法性是"历史周期律"发生作用的根本原因。

社会主义制度是与历史上的封建专制根本不同的制度，中国共产党也根本不同于历史上的封建统治者。但是，社会主义制度的建立和毛泽东的表态都不等于我们已经跳出了"历史周期律"，中国历史上的兴衰治乱离我们还不是很远，而20世纪80年代末90年代初发生的苏东剧变更令我们触目惊心。说共产党能够跳出"历史周期律"，并不是说共产党具有先天的免疫力。"历史周期律"仍然是悬在我们头上的"达摩克利斯之剑"，"历史周期律"发生作用的条件在我们的现实生活中仍然存在着，甚至在某些方面还很严重，我们必须要有清醒的危机意识和忧患意识。

世所共知，自毛泽东开始，一代一代的中国共产党人为了破解"历史周期律"这一历史难题进行了不懈的探索和努力。新中国建立前夕，毛泽东就对全党提出了"两个务必"，指出夺取全国政权后，全党务必要保持谦虚谨慎、不骄不躁的作风，务必要保持艰苦奋斗的作风。人民民主专政的社会主义制度的建立为新中国的健康发展提供了根本的政治前提。改革开放之后，邓小平提出以经济建设为中心的"一个中心，两个基本点"的中国发展路线，提出党的路线、方针、政策应以"人民拥护不拥护""人民答应不答应""人民赞成不赞成"为标准。江泽民更是提出了始终代表中国最广大人民根本利益的"三个代表"重要思想。进入21世纪，以胡锦涛为总书记的党中央，提出并努力践行以人为本的科学发展观。党的十八大以来，习近平同志以全面从严治党为中心和重点，从作风建设入手，伴随着强力反腐，依次推进群众路线教育实践活动、"三严三实"教育，在全面从严治党的推进中，对破解"历史周期律"进行着更为深入和科学地探索。所有这些努力，从根本上在解决中国共产党执政合法性的价值认同、利益认同和制度认同问题，从而在根本上破解着"历史周期律"。

应该看到，黄炎培和毛泽东的"窑洞对"有着更为深远的意义，它为我们指出了：中国共产党只有找到并走上新路，真正跳出"历史周期律"，中国的历史才会真正实现具有实质意义地翻开新的一页，中国才会真正迈上现代化的坦途。我们只有努力完善、发展和实现社会主义的人民民主，真正建立起社会主义的法治国家，彻底铲除和根治腐败，真正践行全心全意为人民服务的根本宗旨，切实做到立党为公、执政为民，"历史周期律"才会被中国共产党人破解。中华人民共和国毕竟是一个在几千年的封建社会历史和传统的基础上建立的崭新的国家，我们要走的路还很长，我们要面对的问题和挑战还有很多，我们只有不懈地奋斗和努力，才能创造出中华民族更加美好灿烂的未来，才能实现中华民族伟大复兴的中国梦。

概言之，在全面从严治党的基础上实现党的建设的科学化、法治化是破解"历史周期律"必须完成的关键一环，这是中国共产党十八大以来正在做并且卓有成效的工作，然而，这只是解决问题的一个方面。除此之外，我们必须还要看到，解决问题还有另一方面，对于经历1840年以来独特的近现代历史走到今天的中华民族来说，形成全社会整个民族的政治共识和思想共识同样是破解"历史周期律"不可或缺的关键一环，只是对于问题的这个层面中国社会还远未觉醒，在思想上也远未达成一致，甚至还处于思想认识混乱的状态。

这里，笔者所说的共识是指，实现中华民族伟大复兴的中国梦必须坚持中国特色社会主义道路、中国特色社会主义理论体系和中国特色社会主义制度的共识，必须坚持中国共产党领导的共识，必须以中国化的马克思主义为思想引领的共识，以及实现两个一百年的奋斗目标、建设社会主义法治国家、实现伟大复兴中国梦的思想共识。

众所周知，实现中华民族的伟大复兴意味着完成国家的真正现代化，而国家的真正现代化一个重要指标是，全社会的公民对自身选择的制度体制、道路和指导思想等重大问题拥有高度的政治思想上的共识，并且因为这种共识而自觉地维护自己国家和民族选择的制度、道路和主流思想意识形态。也正是因为全社会的公民对关乎国家发展的重大问题达成了共识，所以国家和社会实现了真正意义上的治理现代化，避免社会不断陷入由社会热点事件频发导致的危机和动荡的可能，从而挖掉了社会陷入周期性动荡的根基，从根本上解决和破解了"历史周期律"的难题，也就根本上奠定了实现中华民族伟大复兴软实力建设的关键基石。

显然，对于当下的中国来说，上述思想的共识还远未达成，在国家发展的每一个关键的节点和关口，在推进深化改革的过程中，不断地面对中国向何处去的争论，"回归文革老路"与"走西方道路、搬西方模式"，在思想意识形态多元的时代里，更成为持久不衰的喧哗和鼓噪，一定的群体或人士漠视近代以来中国共产党带领人民艰辛探索找到并逐步走向成功的中国特色社会主义道路，漠视中国特色社会主义制度下中国共产党领导中国特色社会主义事业取得的成功，而不断地宣扬只有走上西方的道路按照西方的模式，中华民族的伟大复兴才能真正成功。这就是当下中国必须跨越的思想障碍，必须解决的软实力建设的难题。

如果我们的社会在关系国家和民族发展的重大问题上总是有声音一味地罔顾事实、争论不休，势必对国家治理现代化及其基础上的伟大复兴造成思想上、观念上的困扰和障碍；进而，如果总是有声音期待通过改旗易帜而照搬别国模式以实现自己国家的发展进步，势必对正在奋斗中的中华民族的伟大复兴造成思想上观念上的混乱和动摇。一个社会最可怕的乱是内乱，而导致内乱的最危险最深层的因素是思想观念的混乱，因而，一个社会发展的最关键的因素是全社会各阶层思想共识的达成。

综上分析，对于当代中国来说，探索和找到营造全社会最大思想共识的途径和办法，避免国家和民族陷入"颠覆性错误"，是软实力建设的关键,是实现伟大复兴中国梦的至关重要的一环。习近平同志指出:"实现中国梦必须走中国道路。这就是中国特色社会主义道路。这条道路来之不易,它是在改革开放30多年的伟大实践中走出来的,是在中华人民共和国成立60多年的持续探索中走出来的,是在对近代以来170多年中华民族发展历程的深刻总结中走出来的,是在对中华民族5000多年悠久文明的传承中走出来的,具有深厚的历史渊源和广泛的现实基础。中华民族是具有非凡创造力的民族,我们创造了伟大的中华文明,我们也能够继续拓展和走好适合中国国情的发展道路。全国各族人民一定要增强对中国特色社会主义的理论自信、道路自信、制度自信,坚定不移沿着正确的中国道路奋勇前进。"❶ 因而,我们所说的思想共识,归根结底就是真正对习近平同志的上述思想持有高度的认同,这样的思想共识恰恰是实现伟大复兴中国梦所必须具有的软实力。

(二) 爱国:构建新时代的爱国主义精神

习近平在十二届全国人大一次会议闭幕式上的讲话中,阐述了中国精神对于实现中国梦的作用与意义。他说:"实现中国梦必须弘扬中国精神。这就是以爱国主义为核心的民族精神,以改革创新为核心的时代精神。这种精神是凝心聚力的兴国之魂、强国之魂。爱国主义始终是把中华民族坚强团结在一起的精神力量,改革创新始终是鞭策我们在改革开放中与时俱进的精神力量。全国各族人民一定要弘扬伟大的民族精神和时代精神,不断增强团结一心的精神纽带、自强不息的精神动力,永远朝气蓬勃迈向未来。"❷

爱国主义的民族精神是中华民族软实力的基本要素。近代以来,支撑苦难深重的中华民族走到今天的首要精神因素是爱国,这一点无须论证。今天,只有继续坚持这个首要的民族精神,我们这样一个后发的经济文化落后的国家,才能在追赶现代化的道路上,依次实现两个一百年的奋斗目标,实现中华民族伟大复兴的中国梦!失去爱国主义这一民族精神,我们这个民族的魂魄就没有了,我们就是一个被废掉武功的人,即使你的经济

---

❶ 习近平:《习近平谈治国理政》,外文出版社2014年版,第39~40页。
❷ 习近平:《习近平谈治国理政》,外文出版社2014年版,第40页。

实力和军事实力再强大。所谓精神缺钙，首先就是失掉爱国主义这一民族精神。

想想看，当年日本帝国主义大举入侵中国，中国靠什么支撑下来，就靠这种精神、这个精气神支撑下来，亡国的时候，爱国的志士站出来，爱国的文学和音乐——那是人民的呼声喊出来，这是时代的精神，我们也因此有了经典，尽管我们武器不如人家，国力不如人家，但是我们不屈服，所以我们这个民族才有今天。华北事变前后，配合日军的进攻，日本有学者等相关人士对于入侵占领中国的前景，在北平周围的华北地区进行调研，日本的学者们调研得出的结论是令日本军界和政府颇为失望的。他们说：即使黄河的水干了，中国人也不会屈服。这其实是他们在了解中国民情民心的过程中，捕捉到了中华民族不屈的精神。中华民族性格和文化中蕴含着的中华民族不屈的品格，其实质就是爱国主义精神，是爱国主义所给予的精神支撑。

"春江水暖鸭先知"，文学和音乐是时代精神的风向标，是时代精神的鲜明表达。反思和审视中华民族爱国精神的变迁，笔者认为更应该考察音乐和文学。

电影《上甘岭》插曲《我的祖国》是中国人热爱的曲子，在这首人们耳熟能详的曲调里表达和传递的是，战士们在上甘岭战役残酷的战斗环境下对心中美好祖国的挚爱之情。祖国的美好与爱国之情的炽烈，不仅是那个刚刚诞生的新中国内在的精神的体现，更是那个年代人们精神风貌和精神境界的淋漓体现。

即便是改革开放到来的时代，对祖国母亲的一往情深的爱国主义，依然是时代的主旋律。今天的人们依然可以从陈冲主演的《海外赤子》主题曲，也就是由著名歌唱家叶佩英唱红大江南北的《我爱你，中国》的曲调里感受到。

　　百灵鸟从蓝天飞过
　　我爱你中国
　　我爱你中国
　　我爱你中国
　　我爱你春天蓬勃的秧苗

我爱你秋日金黄的硕果

我爱你青松气质

我爱你红梅品格

我爱你家乡的甜蔗

好像乳汁滋润着我的心窝

我爱你中国

我爱你中国

我要把最美的歌儿献给你

我的母亲我的祖国

我爱你中国

我爱你中国

我爱你碧波滚滚的南海

我爱你白雪飘飘的北国

我爱你森林无边

我爱你群山巍峨

我爱你淙淙的小河

荡着清波从我的梦中流过

我爱你中国

我爱你中国

我要把美好的青春献给你

我的母亲我的祖国

这感情是多么的无私,多么无怨无悔;又是多么纯洁无瑕,一往而情深。这是对自己祖国母亲无条件的爱!这感情是纯澈的,在这感情里放飞的是对祖国未来的憧憬与希望。虽经历"文革"动荡,20世纪80年代的情感主调里,就是这样的旋律。

同时期,被称为新时期文学的第一只春燕的朦胧诗,其标志性代表人物——著名女诗人舒婷的代表作《祖国啊,我亲爱的祖国》传递的也是这样的情感:

我是你河边上破旧的老水车

数百年来纺着疲惫的歌
我是你额上熏黑的矿灯
照你在历史的隧洞里蜗行摸索
我是干瘪的稻穗
是失修的路基
是淤滩上的驳船
把纤绳深深
勒进你的肩膊
——祖国啊

我是贫穷
我是悲哀
我是你祖祖辈辈
痛苦的希望啊
是"飞天"袖间
千百年来未落到地面的花朵
——祖国啊

我是你簇新的理想
刚从神话的蛛网里挣脱
我是你雪被下古莲的胚芽
我是你挂着眼泪的笑窝
我是新刷出的雪白的起跑线
是绯红的黎明
正在喷薄
——祖国啊

我是你十亿分之一
是你九百六十万平方的总和
你以伤痕累累的乳房
喂养了

迷惘的我，深思的我，沸腾的我
那就从我的血肉之躯上
去取得
你的富饶，你的荣光，你的自由
——祖国啊
我亲爱的祖国

与前一首歌曲相比，深刻又深沉了许多！然而，这是对祖国母亲多么深沉、多么强烈、多么义无反顾的爱，是虽死无悔、忠贞不渝的爱，是刘欢在《便衣警察》主题曲里唱出一代人心声的对祖国母亲"历经苦难痴心不改"的爱，表达的是为祖国的腾飞而献身的志向与豪情——这就是改革开放之初的 20 世纪 80 年代的主旋律！

而今，这情感是否依然，它又在经历着怎样的变迁呢？

请体会 21 世纪已经到来的时候，摇滚歌手汪峰的那首《我爱你，中国》：

每当我感到疼痛就想让你抱紧我
就像你一直做的那样触摸我的灵魂
每当我迷惑的时候你都给我一种温暖
就像某个人的手臂紧紧搂着我的肩膀

有时我会孤独无助就像山坡上滚落的石子
但是只要想起你的名字我总会重拾信心
有时我会失去方向就像天上离群的燕子
可是只要想到你的存在就不会再感到恐惧

我爱你中国心爱的母亲
我为你流泪也为你自豪
我爱你中国亲爱的母亲
我为你流泪也为你自豪

有一天这首歌会变老就像老幺树上的枝芽
可我还会一遍遍歌唱它如同我的生命
有些人会慢慢消失有些情感会渐渐破碎
可你却总在我心中就像无与伦比的太阳

我爱你中国心爱的母亲
我为你流泪也为你自豪
我爱你中国亲爱的母亲
我为你流泪也为你自豪

希望你把我记住你流浪的孩子
无论在何时何地我都想念着你
希望你能够知道你对我的意义
无论在何时何地你就像我的生命

我爱你中国心爱的母亲
我为你流泪也为你自豪
我爱你中国亲爱的母亲
我为你流泪也为你自豪

我爱你中国（希望你把我记住）
心爱的母亲（你流浪的孩子）
我为你流泪（无论在何时何地）
也为你自豪（我都想念着你）
我爱你中国（希望你能够知道）
亲爱的母亲（你对我的意义）
我为你流泪（无论在何时何地）
也为你自豪（你就像我的生命）

  依然深情，但不再纯洁澄明，寓意多元而复杂。正是因此，较之前一首《我爱你，中国》，它更有艺术的张力和思想的厚度，它成就了为当下人们对于"祖国和我"关系和情感的代言：祖国，我是多么地爱你，可我是你有苦水的孩子，是有抱怨的孩子，祖国，请给我更多的爱吧！

从一往情深不求回报的对祖国母亲的爱，到祈求祖国母亲给予自己更多的爱，在这30多年的时间跨度里，"爱国"从无条件到有条件；从单方面我的奉献，到要求祖国母亲给予更多。我们从中体会了什么，又感悟到什么?!

爱国是北京精神的首义，也是中国共产党的十八大提炼出的社会主义核心价值观的首义。然而，爱国这一民族精神，在当下的中国正面临着被质疑、被异化、被解构的危险。

探讨这个问题时，不应回避的是，一直都有一个声音，有一种抱怨和埋怨：我爱祖国，但祖国不爱我。

当年老舍的《茶馆》和白桦的《苦恋》，剧中人都曾发出过这样的感慨和抱怨，这亦是作者经历命运变迁或经历运动折磨而发出的疑问。但是，它们在各自的时代里并不构成时代的主旋律和最强音。

然而今天，这种情绪与困惑愈发增长、蔓延、变异。在经历30多年的改革与发展后，社会生活的多元化、人们利益关系的多元化，必然带来思想观念的多元；特别是社会贫富差距加大以及种种社会不公的存在，致使苦难岁月里对祖国母亲坚贞不渝的爱，在富足之后，正和革命年代共产党员坚强不摧的信念一样，面临着物欲、名利、贪腐等诸多因素的挑战和侵蚀。

爱国精神遭遇到的如上问题，恰恰说明了当下中国软实力建设存在的严峻的挑战，是当下中国软实力建设必须破解的问题。

毋庸置疑，建构与时代相协调的爱国主义精神，这正是软实力建设的题中应有之义，是实现中华民族伟大复兴的中国梦的基本前提。

这个新时代的爱国主义精神，我们首先要面对那些正在被质疑和扭曲的问题，思考新的时代里我们为什么要爱国？思考当有人在反复说明国家与祖国的不同，爱祖国和爱国家的区别时，我们是否已经在把爱国的舆论旗帜拱手相让？思考当进步文化、先进的理念出现在现代的中国，我们是否总是习惯于将它与美国、西方或其他某个国家相等同，并由此来说明我们的国家不可爱，所以我们就可以不爱，就没有必要去爱。思考当遇到国际关系风云变幻，中国和某国关系出现矛盾的激化时，一个成长着的大国国民是否总是将爱国一遍遍地上演为和打砸抢烧相关的暴力行为,表达为"灭了×××"的豪言壮语,并以此来表示自己所谓的爱国情怀?!

这个新时代的爱国主义精神,又必须承继近代以来中华民族的爱国传统,必须一如既往地传承和弘扬当年"两弹一星"科学家的爱国精神。在这个新时代的爱国主义精神感召下,对每个中国人而言,爱国是一脉相承又无怨无悔的。"不要问你的国家能为你做些什么,问你能为你的国家做些什么。""不但要问中国还有什么问题,而且要问你可以为中国解决什么问题。"这样的反思应该成为当代中国人集体的扪心自问,集体的灵魂拷问。

简言之,对祖国的爱不能讨价还价;爱国更不能被肢解、不能被解构,因为解构了爱国主义,就是解构了我们自己,对一个民族而言,最大的危险无异于此。爱国同样也不能被异化,爱国也不应成为标榜自己道德优越而反对理性和进步的口号。我们需要在建构与时代相协调的爱国主义精神时,不断地给爱国增加新的时代内涵,在追求中华民族伟大复兴的中国梦的道路上,将爱国主义这一精神旗帜依然高高地举起,让爱国主义精神这一中华民族生生不息的血脉,依然充沛而顽强地流淌在每个中国人的血管里,成为中华民族伟大复兴的强大的营养和精神食粮。

(三)开放:大国及其公民必备的精神品格

习近平在十二届人大一次会议闭幕式上的讲话中说:"实现中国梦必须弘扬中国精神。这就是以爱国主义为核心的民族精神,以改革创新为核心的时代精神。这种精神是凝心聚力的兴国之魂、强国之魂。爱国主义始终是把中华民族坚强团结在一起的精神力量,改革创新始终是鞭策我们在改革开放中与时俱进的精神力量。全国各族人民一定要弘扬伟大的民族精神和时代精神,不断增强团结一心的精神纽带、自强不息的精神动力,永远朝气蓬勃迈向未来。"这里,习近平是把改革创新精神与爱国主义精神一并作为实现中国梦必须弘扬的民族精神来说的,而改革创新精神内在地要求我们这个大国及其国民必须要有开放的胸襟和视野。这是正在实现伟大复兴的中国国民必备的精神品格。

中国有着几千年的封建社会的历史,更有着在封建社会的后期闭关锁国落后于世界、落后于时代而惨遭侵略和蹂躏的历史,夜郎自大、闭关锁国对于这个国家意味着的是落后和挨打。中国在近代的百年屈辱、百年沉沦中探索国家崛起、民族振兴，也深深懂得了开眼看世界，以开放的胸襟面对世界，吸纳借鉴世界先进的文明，对于我们这个民族的意义。所以，中华民族近现代的历史同样是精神走向开放的历程，正是在这个精神历程中，中华民族实现了凤凰涅槃般的重生。

自中国共产党十一届三中全会开启了改革开放的历程之后，中国由被动地追赶现代化，终于进步到了积极适应世界浪潮而主动地追求现代化，因此，中国历经30多年的开放改革，跃升为世界第二大经济体。然而，正是在这样的背景下，部分国人产生了一定程度的虚骄情绪，开始骄傲自满而变得自以为是、目空一切，狭隘的民族主义、狭隘的爱国主义由此产生，而且在思想领域还颇有市场，这是很需要我们警惕的现象，如果任其蔓延则必然形成一代国民精神上的桎梏，使得我们和中华民族的伟大复兴渐行渐远。

对于当下的中国来说，塑造一个自尊自信、理性科学、务实进取、开放包容的健康国民心态是至关重要的，使我们的国家和国民不因成绩而虚骄，不因虚骄而自满，不因自满而封闭，永远拥有开放的胸襟和气度，永远保持与时俱进的精神状态，永不放弃改革创新的步伐，永不放弃开拓进取的精神，使我们的民族实现因自信而开阔，因开阔而包容，因包容而柔韧长远，从而真正以中华文明的方式和力量实现崛起、赢得尊重。

（四）敬畏：知敬畏、有信仰、守底线是软实力建设必备的深层次要素

伴随着中国近40年的改革开放，中国取得了举世瞩目的成就，与此同时相行相生了软实力方面的诸多问题，在经济发展、物质进步的同时，出现了拜金主义盛行、价值错位、道德滑坡、信仰迷失、共识缺位等精神领域深层次问题。解决这些问题，要求当代中国人能够做到行动上坚守住底线、内心里珍存着敬畏和信仰。白岩松曾说，当下中国"亟须一场心灵改革，伴随着经济体制改革和政治体制改革，如果不拉开心灵改革的大幕，中国依然危险。我们为什么一直在寻找信仰，因为信仰的背后是敬畏，敬畏是时代大河流两边的河床，只要有敬畏在，河床很高，不管里头的河水

如何奔腾汹涌，它总是安全的"❶。

知敬畏、有信仰、守底线，早已成为人类文明发展到今天的共识。德国古典哲学家康德说过：有两种东西，我对它们的思考越是深沉和持久，它们在我心灵中唤起的赞叹和敬畏就会越来越历久弥新，一是我们头顶上的浩瀚灿烂的星空，一是我们心中崇高的道德法则。康德在这里讲的"头顶上的浩瀚灿烂的星空"就是大自然的规律，它和"心中崇高的道德法则"一起构成了哲学家内心的敬畏，无疑这两者构成了人类心中必须尊重并敬畏的内容，成为一切文明发展进步的基础和前提。中国文化里有着同样思想的相近表达，孟子曾说："居天下之广居，立天下之正位，行天下之大道。得志，与民由之；不得志，独行其道。富贵不能淫，贫贱不能移，威武不能屈。此之谓大丈夫。"这是儒家思想的经典表达，在这个儒家思想的经典表达里，孟子所谓的理想人格的"大丈夫"是有着内心的操守和底线的，是心中有敬畏的，是于敬畏中有信仰的（当然，这里的信仰并不是宗教意义上的，而应该是作为理想人格的大丈夫心中认定和坚守的法则）。知敬畏、有信仰、守底线构成了中华文明优秀的部分，为今天的中国人提供了精神的参照和坐标，为中国走向文明崛起和伟大复兴奠定了精神的基石。

知敬畏、有信仰、守底线要求我们，在大国崛起和伟大复兴的历史进程中，在追求物质进步和经济发展的同时，塑造中国人优秀的精神品格，使中国人成为世界上高尚人格的代表，使中国精神赢得世界的尊重，使我们的软实力在世界范围内获得吸引力和感召力，从而使中华民族的伟大复兴最终成为中华文明的崛起。

（五）担当：实现伟大复兴中国梦的必备的主体精神

中国梦是每个中国人现实今生的梦想，唯一能够成就这个梦想的就是每个中国人的付出、奋斗与担当。中国梦的实现，需要主体精神的支撑，需要发挥人的主观能动性，也就是说，我们只有在奋斗、实干中才能实现中国梦。正如习近平同志指出的："实现中华民族伟大复兴是一项光荣而艰巨的事业，需要一代一代中国人共同为之努力。空谈误国，实干兴邦。

---

❶ 白岩松：《中国梦是一个由国到家的过程》，《南方日报》，2013年2月28日。

我们这一代共产党人一定要承前启后、继往开来，把我们的党建设好，团结全体中华儿女把我们国家建设好，把我们民族发展好，继续朝着中华民族伟大复兴的目标奋勇前进。"❶

担当精神是一个国家软实力的体现，是基于对自身肩负的使命和责任认知的基础上的一种负责精神、敬业精神、奉献精神，是实现中国梦必须具备的主体精神。每一位公民都应该有自己的使命、责任与担当。担当，体现在对国家、对民族、对社会、对家庭、对他人，甚至对自己的负责。

中国文化中，担当不仅有着丰富全面的内容，而且占据极其重要的分量。"天下兴亡，匹夫有责"是一种担当，"先天下之忧而忧，后天下之乐而乐"是一种担当，"我自横刀向天笑，去留肝胆两昆仑"是一种担当，"人生自古谁无死，留取丹心照汗青"是一种担当。这是对天下、国家、民族的担当。《管子·牧民》说："礼义廉耻，国之四维；四维不张，国乃灭亡。"顾炎武说："然而四者之中，耻尤为要。人之不廉而至于悖礼犯义，其原皆生于无耻也。故士大夫之耻，是为国耻。"《论语·泰伯》说："士不可以不弘毅，任重而道远。仁以为己任，不亦重乎？死而后已，不亦远乎？"因为对自己要期许为"士"，对国家态度就是"以国家兴亡为己任，置个人生死于度外"。张载立志"为天地立心，为生民立命，为往圣继绝学，为万世开太平"。这更是对国家、天地、生民的担当。孟子曰："居天下之广居，立天下之正位，行天下之大道。得志，与民由之；不得志，独行其道。富贵不能淫，贫贱不能移，威武不能屈。此之谓大丈夫。"这种对内心准则和操守的坚守，是更高的精神层面的担当。无疑，它们构成了当代中国人担当精神的营养源。

担当更应该体现在对待自己的工作与事业的态度上，比如雷锋，做永不生锈的螺丝钉，对事业和工作的尽职尽责，是一种难能可贵的担当；《十年冤案谁之过》中张辉、张高平的冤案，驻监检察官张飚的工作态度：发现问题，不断地反映问题，最终使得冤案澄清，更是一种难得的担当。我们社会涌现的许许多多的道德楷模，如最美女教师张丽丽、最美司机吴斌、宋洋等，同样是一种担当，是对社会美好价值、道德人心的担当。在现实生活中我们做好自己，以自己的公德心和文明行为，实现对社会和国

---

❶ 习近平：《习近平谈治国理政》，外文出版社2014年版，第36页。

家的责任和担当,在今天至关重要。在此基础上,呼唤公德、呼唤文明、呼唤民主和法治,批判不文明和不道德等行为,更是一种担当,这就是张载所说的境界。

　　与担当精神紧密相连的是忧患意识。忧患意识实质上就是危机意识、使命意识、责任意识、奋斗意识,这些意识的一个集中体现,就是要勇于担当。应该看到,身处世界第二大经济体的位置,使得我们党内的许多同志,甚至是一些党的领导干部产生了盲目的优越感,缺乏应有的忧患意识;在民众中间更是产生盲目的虚骄情绪和自我膨胀感,丢失了忧患意识。人们更愿意看到、谈论、承认中国发展已经取得的成绩、成就,不愿意看到中国发展还存在的不足、问题和挑战,人们只愿意为中国梦去憧憬、遐想,只愿意谈论实现中国梦国家应该如何富强、自己的生活应该如何富裕幸福,自己有多少愿望应该在中国梦的伟大目标里得以实现,却避而不谈实现中国梦我们需要怎样的努力和奋斗,我们需要担负起什么样的使命和承担起什么样的责任。这正是今天的中国实现中国梦需要首先解决的问题。因为没有忧患意识,没有使命感、责任感和担当精神的民族是走不远的民族;没有忧患意识,没有使命感、责任感和担当精神的社会是没有希望的社会;没有忧患意识,没有责任感、使命感和担当精神,我们就无法实现中国梦的宏伟目标。正如习近平同志反复告诫我们的,要始终保持谦虚谨慎、艰苦奋斗的精神,始终保持埋头苦干、锐意进取的状态。唯其如此,中国梦才不会是"黄粱梦",不会是"南柯梦",不会是"乌托邦",而最终成为中国人民面前的美好现实。

　　担当就是对社会发挥建设性的作用。实现中国梦,需要每个人的担当。每个人都应该是时代的铺路石,每个人都应该做实现中国梦征程上的奠基石。实现中华民族的伟大复兴必须具有担当精神,担当是中华民族实现伟大复兴中国梦必备的软实力。

第五章　中国梦：思想引领

实现中国梦必须要有思想引领，这一点是毋庸置疑的。用什么样的思想引领中国梦的实现，确是当下中国思想意识形态领域或明或暗争论不休的问题。概括当下各种思想认识，可以看到，人们争论的思想引领的选项主要有三：不断与时俱进的中国化的马克思主义；以儒家思想为核心的中华传统文化；近代以来处于强势地位的西方思想文化。伟大复兴中国梦的思想引领的正确选项究竟应该是哪一个，是需要做出明确答案的必答题，破解这个问题，逻辑上是要回答：第一，伟大复兴中国梦的领导者是谁；第二，这个领导者靠什么引领伟大复兴；第三，为什么是中国化的马克思主义而不是其他思想理论能够引领伟大复兴中国梦的实现。

一、历史大视野下的伟大复兴中国梦的引领者

2016年是中国共产党建党95周年。中国共产党的95年是与国家、民族和人民同呼吸共命运的95年，是波澜壮阔、艰辛曲折的95年。95年在历史长河中虽是一瞬，但对于近代苦难的中国却是难得的、期盼已久的、翻天覆地的历史巨变。对于走过95年风雨历程，正在带领中国人民走在民族复兴伟大征程上的中国共产党，我们究竟应该如何认识，我们已有的认识是否正确而科学，这是每一个人需要扪心自问的问题，更是95年后的今天迫切需要回答和反思的问题。

应当承认，当今时代流行和存在着许多对于中国共产党及其历史的颠倒和扭曲的认识，诸如：不是中国共产党领导中国同样可以实现国家独立富强、民族振兴和人民幸福；大革命时期和抗战胜利后中国共产党如果不和国民党分裂，中国最终实现国共两党轮流坐庄的民主政治该有多好；中国近现代的主题是实现现代化和国家富强的中国梦，所以那么多先烈抛头

抛洒热血是多余的,我们不需要革命就可以实现现代化,等等。人们越是远离历史,就越容易以今天的生活、经历和实践去比对过去、理解过去,加之错误的历史观和历史知识的影响,最终疏离了历史的真实,扭曲了我们的认识,使历史和实践早已做出结论的真理性认识,在新的时代条件下不断地遭到扭曲和质疑。这些质疑与扭曲最终上升到对中国共产党执政合法性和"没有共产党就没有新中国"这一历史结论的怀疑,归结为对中国共产党作为伟大复兴中国梦引领者、领导者的质疑。

正确认识中国共产党,科学地评价她在中国近现代历史中的地位与作用,我们需要拥有历史大视野。这里所说的历史大视野,绝不仅仅只是中国共产党辉煌与艰辛的95年,因为要回答上述问题,从而达到对中国共产党的正确而科学的认识,仅仅了解中国共产党的95年是不够的,只讲中国共产党的95年不足以弄清和阐明这些问题。这里所说的历史大视野,是指我们考察这些问题必须有更为开阔的思路和更加宏大的视野,是说必须立足于1840年至今的历史时空坐标,在1840年至今的中国近现代历史潮流中去认识中国共产党。在这样的历史大视野中,我们不仅要认识中国共产党,而且要认识这一历史时空下与历史潮流中的中国所有政治力量,弄清他们的升沉与兴衰、成功与失败、进步与落后、先进与反动,从而在包括中国共产党在内的各种政治力量的比较与鉴别中,找出历史发展的脉络、走向与趋势,认清"没有共产党就没有新中国""中国共产党执政地位的获得是历史的选择、人民的选择""中国共产党是引领中华民族伟大复兴中国梦的领导者"的价值与意义。

立足历史大视野要求我们把握好历史潮流与历史发展的本质与规律,在把握历史潮流与发展规律的前提下,去发现经过历史和实践检验的真理性认识。自1840年至21世纪中叶,可以看作两个一百年,从1840年至1949年的第一个一百年,是中华民族的百年屈辱、百年沉沦和百年抗争;从1949年至2049年的第二个一百年,是中华民族的百年复兴和百年崛起。中国自1840年之后的近现代史,是西方帝国主义的侵略、掠夺和奴役,一步步陷入半殖民地深渊的过程;又是中华民族不屈不挠的抗争、反抗、寻求出路的过程;更是由被现代化的"求强、求富"到主动现代化的改革开放迎接世界潮流的过程。民族的独立和人民的解放,国家的繁荣富强和人民的共同富裕,是摆在中华民族面前的两大历史任务和两大高难度课题,

第五章　中国梦：思想引领

是中国近现代所有志士仁人的两大梦想。前者为后者扫清障碍、创造必要条件。谁能完成这两大历史任务，哪个政治力量能够解决这两大高难度课题，就会被历史选择和人民选择。在历史的浪潮中，太平天国运动和义和团运动的失败表明单纯依靠农民战争不能解决中国的问题，不能给国家和民族以出路；封建统治阶级已经成为历史发展的阻碍力量，因而洋务运动和清末新政这些不从根本上改变封建社会制度的改革不能解决中国的问题，不能给中国找到出路；戊戌变法试图依靠皇帝的力量，在不摧毁旧的社会制度的前提下进行自上而下的改革，同样也没有成功，无法给国家以出路；孙中山为首的资产阶级革命派领导的辛亥革命结束了中国几千年的封建专制制度，为近代历史的进步作出了自己的贡献，但毕竟没有改变中国半殖民地半封建社会的性质，没有改变人民的悲惨境遇，无力挽救国家的危亡，无力领导民族的复兴，没能给国家和民族以出路。只有集中了众多具有理想和牺牲精神的中华民族优秀分子、以科学的理论武装、组织严密而广泛、对中华民族作出了重大牺牲、同人民群众保持着血肉联系、善于总结经验又郑重对待失误的中国共产党，经过艰苦卓绝的奋斗，在1949年完成了中国近现代历史的第一个任务，实现了国家的独立和人民的解放，而今，中国共产党正带领人民为国家的繁荣富强和人民的共同富裕而不懈地努力。历史充分证明，各种政治力量都不能领导中国实现国家独立和民族复兴，只有中国共产党做到了这一点，所以才有"没有共产党就没有新中国"的科学真理，我们才得出了中国共产党执政地位的获得是历史的选择和人民的选择的结论，这就是中国共产党执政合法性的根本依据，是中国共产党作为中华民族伟大复兴中国梦的引领者的基本道理。

　　立足历史大视野认识中国共产党，要求我们必须对过往的历史保持敬畏，以求真唯实的态度对待历史。中国共产党90多年的光辉历程对于今天的人们来说，许多都是陌生的，1840年以来的近现代历史对于我们同样生疏。经历30多年的改革开放，中国经济持续增长带来物质财富和生活水平极大提高的同时，我们的时代却出现了物欲横流、道德沦丧、价值混乱、信仰缺失。所有这些都会使我们对历史失去正确的价值判断，于是，许多真理被怀疑，许多英雄被歪曲，许多信念被玷污，许多崇高被亵渎。比如在一段时间以来的所谓"告别革命论"大行其道，攻击共产党人迷信暴力，不了解在近代中国，当国难深重而统治者拒绝一切根本的社会变革的情况下，直接进行现代化只能是一句空话，中国革命是中华民族到了最危险的时候被迫拿起武器进行的。至于说中国共产党与国民党的分裂，在大革命时期完全是蒋介石国民党调转枪口大肆屠杀共产党人，才使得国共合作破裂，中国共产党被迫走上了武装斗争的道路。抗战结束后，中国共产党尽了最大的努力希望能够和平，做出了非常大的让步，许多根据地都放弃了，但是蒋介石大军对共产党及其军队进行追剿，于是才有解放战争的爆发。中国共产党的先驱瞿秋白有句名言："人爱自己的历史好比鸟爱自己的翅膀，请勿撕破我的翅膀！"我们只有珍重历史，才能从历史的宝藏中获得民族崛起和腾飞的永恒力量；我们只有敬畏历史，才能从历史的宏大中获得国家复兴的不灭的精神。

忘记历史就意味着背叛。中国共产党正领导人民为实现两个一百年的奋斗目标而努力，在建党一百年全面建成小康社会的基础上，2049年新中国成立一百周年的时候，建成富强、民主、文明、和谐的社会主义现代化国家，实现这一宏伟目标，意味着基本实现中华民族伟大复兴的中国梦。从19世纪到21世纪，我们经历百年沉沦和百年复兴，正是这200年的时间，历史检验和考量着中国共产党，正是在这种严峻的考验中，中国共产党成为中华民族伟大复兴中国梦当之无愧的引领者。

二、思想引领的正确选项——中国化的马克思主义是中国共产党引领伟大复兴中国梦不能丢掉的软实力

中国共产党能够成为中华民族伟大复兴中国梦当之无愧的引领者，归根结底是因为她自身拥有的软实力，而这个软实力最关键的内容是她拥有马克思主义这个指导思想，她在中国革命、建设、改革的实践中不断地与时俱进地创新着马克思主义，把马克思主义的基本原理和中国实际相结合，不断地实现马克思主义的中国化。

中国为什么选择了马克思主义？中国共产党为什么选择了马克思主义为自己的思想指导？为什么中国化的马克思主义是引领中华民族伟大复兴的正确选项？既是老问题，又是需要不断与时俱进回答的常新的问题，对这些问题的回答关系着中华民族的命运和走向、现在和未来，关系着中华民族的伟大复兴。

依据马克思主义唯物史观社会存在决定社会意识的观点，一个国家、一个民族、一个政党选择什么主义，以什么理论为指导，举什么旗帜引路，并非主观人为决定的，而是有着深刻的社会历史和现实的根源，是由社会现实需要决定的。中国选择了马克思主义，马克思主义在中国最终生根、开花、结果，不是中国共产党人的主观臆想和率性而为，而是由近现代中国的社会现实决定的，它取决于马克思主义解决中国社会现实问题的程度。

1840年之后的近现代中国，是一步步沦入半殖民地半封建社会深渊的中国；是中华民族不屈不挠地抗争，为求得民族独立和人民解放、国家繁荣富强和人民共同富裕而艰苦卓绝地奋斗的中国；是展开了赶超发达国家而实现现代化历史进程的中国。因而独立和富强是摆在中国人面前的两大历史课题，为了独立而革命和为了富强而发展也就成为中国最大的社会现实需要。显然，哪个主义和理论能够解决这两大历史课题，满足中国这一最大的社会现实需要，就会被历史选择和人民选择。我们可以在此思路上对近现代中国的主要思潮和派别进行大致的分析，并在此基础上对中国共产党选择马克思主义作为实现伟大复兴中国梦的思想指导，做一基本的认识。

以儒家学说为主体的中国传统文化无力解决这些问题。近代中国所遭遇到的一切，国破家亡的现实和被动挨打的处境，凸显了深重的民族生存危机，而民族生存危机背后则是深层的中华传统文化的危机。包括孔孟老庄学说在内的中华传统文化无法说明和解释近代中华民族的处境从何而来，出路又在何方，更无法为中华民族找到救亡图存和民族复兴的正确的道路和方法，无法回答如何完成中国的现代化的问题。因而，从自身母体中无法生长出先进的思想理论，眼光必须向外部世界去寻找。

西方资产阶级的民主主义和自由主义思想在中国遇到了难以克服的难题和无法逾越的困境。向外部世界寻找救国救民真理和道路的过程中，资产阶级民主主义和自由主义的源头的欧美西方发达国家，在中国长期扮演着先生和敌人的双重角色。自1840年第一次鸦片战争起，一次次地侵略中国、掠夺中国的同时，也向中国展示着先进的工业文明、先进的生产力和先进的生产方式；在为中国展示现代化的样本和目标的同时，也日益让中国人认识到其对中国的侵略和压迫，日益让中国人认识到必须推翻西方帝国主义与国内封建主义的必要。正如中国革命的先行者孙中山所指出的，多年学习西方，但是先生总是欺负学生。这样的现实状况，使得觉悟起来的中国人在看到新的希望和选项（如苏俄十月社会主义革命原初所展示的国家平等、民族平等和人民平等的马克思主义的新理念）后，必然毫不犹豫地用后者取代前者。客观的事实是，正是因为有了第一次世界大战，中国人才第一次理直气壮地认定自己应该可以和列强各国平起平坐，并对公理和正义不能惠顾中国而表现出强烈的不满和民族情绪。第一次世界大战典型地表现出资本主义的没落，让中国人认识到中国的现代化问题不同于西方的现代化问题，西方现代化是全球化的前提和条件，而中国的现代化问题则是全球化压力即西方入侵的产物，是被动的现代化，中国只有反抗和推翻西方列强的统治，国家和民族才会有真正的希望。这一切充分表明中国注定要走一条既不同于传统文化也不同于西方文化的道路，而十月社会主义革命却代表着马克思主义和社会主义的升起。因而，人们不愿意看到中国重蹈没落的资本主义道路，而愿意把中国的未来寄希望于马克思主义和社会主义的探索上。至于西方的其他思想和思潮，诸如无政府主义，也同样不能解决中国的社会现实问题，在一个救亡图存为第一需要的国度里，甚至是南辕北辙。对此毛泽东总结到："绝对的自由主义、无政府主义，以及德莫克拉西主义，依我现在之看法，都只认为理论上说得好听，事实上做不到。"因此，"我看俄国式革命，是无可如何山穷水尽诸路皆走不通了的一个变计，并不是有更好的方法弃而不采"[1]。

马克思主义来到中国主要解决了救亡（独立）和富强两大课题，满足了为了独立而革命和为了富强而发展的社会现实需要。中国人为什么需要并选择了马克思主义，党的历史文献提供了答案，其中最权威的说法是，只有马克思主义和社会主义才能救中国。重温近代以来中华民族的历史遭遇，并在这种重温中重新反思马克思主义在中国的历程，我们可以基本理清这一问题的脉络，我们可以清晰地看出，马克思主义的基本理论为我们揭示了近现代中国所处的国际环境，告诉我们处境从何而来，出路又在何方，解决问题的方法是什么，中国的未来和前途又在哪里。第一，马克思

---

[1]《毛泽东给肖旭东蔡林彬并在法诸会友信》，《新民学会通信集》，人民出版社1980年版，第148～149页。

主义的基本理论指出了近代中国半殖民地半封建社会的处境的由来及其面对的国际环境。在标志着马克思主义诞生的《共产党宣言》一文中，马克思和恩格斯深刻论述了由于西方资本主义的发展，地理大发现、海外殖民掠夺和海外殖民地的开拓，东方落后国家不可避免地成为西方发达国家的附庸，沦为它们的殖民地或半殖民地。"不断扩大产品销路的需要，驱使资产阶级奔走于世界各地。它必须到处落户，到处开发，到处建立联系。"❶ "资产阶级，由于开拓了世界市场，使一切国家的生产和消费都成为世界性的了。"❷ "过去那种地方的和民族的自给自足和闭关自守状态，被各民族的各方面的互相往来和各方面的相互依赖所代替了。"❸ "资产阶级由于一切生产工具的迅速改进，由于交通的极其便利，把一切民族甚至最野蛮的民族都卷到文明中来了……一句话，它按照自己的面貌为自己创造出一个世界。"❹ "资产阶级使农村屈服于城市的统治……它使未开化和半开化的国家从属于文明的国家，使农民的民族从属于资产阶级的民族，使东方从属于西方。"❺ 马恩在这里深刻地揭示出近现代中国所处的国际环境和时代背景，指出了中国近现代社会救亡和发展两大主题的由来。这种基于对世界历史发展趋势和走向的深刻分析和洞察之上的对宏观历史的唯物史观式的阐释，正是人们期盼的科学而有说服力的解释，是包括中华传统文化和资产阶级民主思想在内的所有思潮所无法达到的。这样的深刻论述，即使放在今天的国际环境和时代背景下，也丝毫不过时，丝毫不减其理论的深度和思想的光辉。第二，马克思主义基本理论为中华民族指明了出路和前途。马克思主义基本理论所论证的基于社会基本矛盾即生产力和生产关系的矛盾运动基础上的社会发展规律的原理，以及在此基础上的社会主义必然取代资本主义的科学结论，对取代资本主义社会的未来美好社

---

❶ 马克思和恩格斯：《共产党宣言》，《马克思恩格斯选集》第1卷，人民出版社1995年版，276页。

❷ 马克思和恩格斯：《共产党宣言》，《马克思恩格斯选集》第1卷，人民出版社1995年版，276页。

❸ 马克思和恩格斯：《共产党宣言》，《马克思恩格斯选集》第1卷，人民出版社1995年版，276页。

❹ 马克思和恩格斯：《共产党宣言》，《马克思恩格斯选集》第1卷，人民出版社1995年版，276页。

❺ 马克思和恩格斯：《共产党宣言》，《马克思恩格斯选集》第1卷，人民出版社1995年版，276～277页。

会的描绘和设想，必然为苦苦寻求出路的中国指明了未来的方向，激励先进的中国人为埋葬旧社会建立新社会而奋斗，当然这也就使得中国未来的发展方向必然地指向了社会主义而不再是资本主义了。关于这些，联系近代以来西方列强在中国的所作所为和苏俄十月社会主义革命的实际，更坚定了中国的革命者抛弃西方资本主义的思潮和主张而选择马克思主义。第三，马克思主义同时为我们指明了解决中国现实问题的方法。马克思主义基本理论阐述的阶级斗争和暴力革命的理论，无论是从中国的国情还是从近现代中国的现实来看，都极大地符合实际，因而最终被中国共产党人所深刻理解，并得心应手地应用。简言之，马克思主义来到中国，主要解决了革命和发展两大问题。反帝反封建、民族独立、国家统一以及人民的解放都属于革命问题，这些问题是在1840年鸦片战争之后提出来的，直到马克思主义的阶级斗争学说进入中国并成为中国革命的指导思想才获得了彻底地解决。马克思主义的另一个重要思想，即无产阶级取得政权后应尽可能快地增加生产力的总量，则属于发展问题，是新中国成立后提出的，它回答了经济文化落后国家建设社会主义的路径与方法。只可惜，我们是在经历了"文革"的磨难后才重新回归马克思主义的思想立场，认识到发展生产力的必要性。当然，马克思主义的基本理论还明确地指出无产阶级必须建立自己的组织即建立自己的政党，作为无产阶级解放斗争的领导者和组织者，这无疑成为中国共产党得以建立进而成为中国革命的领导者的思想指导，于是才有了中国历史上开天辟地的大事件。综上所述三个方面，我们可以看到，在中国，历史和人民最终选择了马克思主义，主要是由近现代中国的社会现实需要决定的。在马克思主义的指导下，中国解决了救亡（独立）这一历史性的课题，正在为国家的富强和人民的共同富裕这一课题的最终解决而奋斗。

从实践上来看，近40年改革开放的成就与崛起，60多年新中国的屹立与强盛，在于中国共产党和中国人民选择了马克思主义，在于以马克思主义作为思想引领，在于马克思主义不断地中国化。马克思主义及其中国化的成果也就成为中国共产党的最大的软实力，成为引领中华民族伟大复兴的正确选项，成为面向未来中国共产党不能丢掉的软实力。这是当下中国面对多种意识形态竞争激烈、多种社会思潮风起云涌的背景下，中国共产党必须坚守住的底线，是实现伟大复兴中国梦的不能丢掉的软实力。

三、用马克思主义中国化的最新成果——习近平治国理政新思想新战略引领中国梦

在中国,马克思主义中国化是一个接续奋斗与时俱进的历史过程,中国共产党是用不断与时俱进的马克思主义中国化理论引领中国共产党的事业走到今天的,更是用不断与时俱进的马克思主义中国化理论引领中华民族伟大复兴取得今天的成就的。

回望过去岁月,可以看到,在中国共产党接续奋斗的 95 年历史进程中,我们党紧紧依靠人民,把马克思主义基本原理同中国实际和时代特点相结合,不断推进马克思主义中国化,形成了毛泽东思想和中国特色社会主义理论体系两大理论成果,取得了革命、建设、改革的伟大胜利,开创和发展了中国特色社会主义,引领着中华民族的伟大复兴。首先,以毛泽东同志为主要代表的中国共产党人,依据马克思主义的基本原理,把中国长期革命实践中的一系列独创性经验作了理论概括,形成了适合中国情况的科学指导思想——毛泽东思想。在毛泽东思想指引下,中国共产党领导全国各族人民完成新民主主义革命和社会主义革命,确立社会主义基本制度,完成了中华民族有史以来最为广泛而深刻的社会变革,为当代中国一切发展进步奠定了根本政治前提和制度基础。仅以新中国成立后中国共产党治国理政来看,这是首先经历的历史的第一个时期,称之为改革开放之前的 30 年,这是为伟大复兴奠定基石和打造龙骨的时期。之后,以邓小平同志为主要代表的中国共产党人,深刻总结我国社会主义建设正反两方面经验,借鉴世界社会主义历史经验,创立邓小平理论,科学回答了建设中国特色社会主义的一系列基本问题,成功开创了中国特色社会主义。进而,以江泽民同志为主要代表的中国共产党人,在国内外形势十分复杂、世界社会主义出现严重曲折的严峻考验面前捍卫了中国特色社会主义,形成"三个代表"重要思想,成功把中国特色社会主义推向 21 世纪。新世纪以来,以胡锦涛同志为主要代表的中国共产党人,在全面建设小康社会进程中推进实践创新、理论创新、制度创新,形成科学发展观,成功在新的历史起点上坚持和发展了中国特色社会主义。从邓小平到江泽民、胡锦涛时期,这是中国共产党治国理政的第二个时期,这是改革开放后的 30

年，是大国崛起民族复兴积蓄势能储备力量的时期。

党的十八大以来，我们面对着一个历史的新时期，这将是大国崛起民族复兴展露曙光决胜定局的时期。这个历史的新时期，正如习近平所说："我们比历史上任何时期都更接近中华民族伟大复兴的目标，比历史上任何时期都更有信心、有能力实现这个目标。"然而，与此同时，我们也面对着前所未有的新问题、新挑战、新困难。时代发展、使命在身，迫切要求中国共产党产生研究新情况解决新问题的新思想新理论，把中华民族伟大复兴的事业推向前进。正是在这样的背景下，习近平治国理政的思想理论战略应运而生，也正是在这样的背景下，我们可以充分地理解和认知习近平治国理政的思想理论战略的价值与意义。

习近平治国理政的思想理论战略涵盖在习近平总书记系列重要讲话中，是中国特色社会主义理论体系最新成果，是马克思主义中国化最新成果，是指导现阶段具有新的历史特点的伟大斗争的鲜活的马克思主义，是新的历史条件下我们党治国理政的行动纲领，是我们凝聚力量、攻坚克难的强大思想武器，是实现"两个一百年"奋斗目标、实现中华民族伟大复兴中国梦的行动指南。习近平总书记系列讲话涵盖了改革发展稳定、治党治国治军、内政外交国防全领域，系统提出并论述了：关于实现中华民族伟大复兴中国梦的思想、关于坚持和发展中国特色社会主义的思想、关于统筹推进"五位一体"总体布局和协调推进"四个全面"战略布局的思想、关于全面建成小康社会的思想、关于全面深化改革的思想、关于全面依法治国的思想、关于全面从严治党的思想、关于树立创新、协调、绿色、开放、共享新发展理念的思想、关于主动适应、把握、引领经济发展新常态的思想、关于发展社会主义民主政治的思想、关于建设社会主义文化强国的思想、关于改善民生和创新社会治理的思想、关于大力推进生态文明建设的思想、关于全面推进国防和军队建设的思想、关于国家关系和我国外交战略的思想、关于思想方法和工作方法的思想。从而，习近平总书记系列重要讲话，在进一步回答什么是社会主义、怎样建设社会主义，建设一个什么样的党、怎样建设党，实现什么样的发展、怎样发展等基本问题基础上，初步回答了什么是社会主义现代化强国、怎样建设社会主义现代化强国基本问题，开创了马克思主义中国化新境界。

党的十八大以来，党和国家各项事业之所以不断取得新成就、开创新局面，根本就在于以习近平同志为总书记的党中央的坚强领导，在于习近平总书记系列重要讲话精神的科学指导。在当代中国，坚持中国特色社会主义理论体系，以习近平总书记系列重要讲话精神引领国家发展和民族复兴，就是真正坚持马克思主义。因为，习近平总书记系列重要讲话精神，同马列主义、毛泽东思想、邓小平理论、"三个代表"重要思想和科学发展观，是既一脉相承又与时俱进的密切联系的科学理论体系。

展望未来，实现伟大复兴中国梦，我们必须用马克思主义中国化的最新成果——习近平治国理政新思想新战略做思想引领，这是中国共产党和中国人民应该牢牢掌握的思想理论，是走向伟大复兴的中国必须具备的软实力。

第六章 关于"中国梦与软实力建设"的若干思考

一、思想理论与软实力

"历史和人民选择了马克思主义"的再认识——重读《共产党宣言》的思考

中国共产党的十八大之后,习近平同志不断强调,坚定理想信念,坚守共产党人精神追求,始终是共产党人安身立命的根本。对马克思主义的信仰,对社会主义和共产主义的信念,是共产党人的政治灵魂,是共产党人经受住任何考验的精神支柱。回顾和总结中国共产党带领国家和人民走向富强的95年的光辉历程,我们可以得出这样的结论:在近代以来中国社会发展进步的壮阔进程中,历史和人民选择了中国共产党,选择了马克思主义,选择了社会主义道路,选择了改革开放。无疑,这是经过历史和实践检验的真理性认识。其中,对马克思主义的选择具有统帅的意义,选择了马克思主义,就使中国共产党和中国人民获得了科学的指导思想和先进的理论武装,就有了自己的旗帜和精神信仰。

回顾《共产党宣言》发表以来的160多年的历史进程,可以看出,没有哪一个理论能如马克思主义一样在世界现代史上留下如此深重的影响,它在中国作为指导思想已有数十年,从根本上影响、决定和改变了几代人和十几亿人的命运,从而影响了整个人类历史进程。在建党95年后的今天,重读《共产党宣言》,对此体会尤为深刻。在中国,为什么历史和人民选择了马克思主义?这一问题不仅是具有重要意义的思想史课题,而且在当代中国和世界是具有重要意义的现实课题。

一、老问题遭遇新挑战需要新共识

众所周知，在中国，历史和人民选择了马克思主义，是一个老问题，在许多人看来都是老生常谈，甚至不屑一顾。然而，真正地正视这一问题就会发现，在中国共产党成立95年后的今天，这是一个在当代与时俱进的常新的问题，是我们仍然需要面对并不断地给予回答的问题。对这一问题的回答关系着中华民族的命运和走向、现在和未来。

应当承认，自改革开放以来，中国一直伴随、遭遇和面对着三个危机：对马克思主义的信仰危机，对社会主义的信心危机，对中国共产党的信任危机。由于改革开放向西方学习，加之20世纪80年代末90年代初的苏东剧变，使得人们再次提出疑问：为什么中国选择了马克思主义并最终走上了中国特色社会主义道路，而不是选择其他如西方资产阶级民主主义走上资本主义的道路？中国的独立富强以及现代化为什么不能以中国传统文化为指导思想而得以实现？疑问和不解还是其次，更为严重的是，在30多年改革开放的每一次重大历史关头，总有人提出关于中国指导思想和发展道路的其他选项，提出中国应以西方资本主义的民主自由为指导思想、走西方资本主义道路或民主社会主义道路，这些思想在当代中国特别是在知识界、在改革开放之后出生的年轻人当中，有着相当大的代表性。

30多年的改革开放，中国经济的跃升是举世瞩目的伟大成就，经济硬实力做大做强的同时，人们对文化软实力的提升、文化大发展大繁荣有着热切的期盼。中国实现国家崛起和民族复兴，同样需要文化和观念上的阐释和说明：我们从哪里来？到哪里去？即我们今天取得的一切成就因何而来？未来我们应该以什么为前进的导向？因而在这样的时代里，不仅西方思想受到极大的关注，而且中国传统文化也以不可抑制的姿态持续地热了起来。中国的历史和文化典籍、孔孟老庄学说，乃至所谓国学被极大地推崇，在试图对这个以昂扬向上的姿态发展着的国家进行解读的同时，人们再一次在历史的新起点、新阶段上讨论着中国的指导思想和意识形态。许多人提出了中国应以儒家学说孔孟之道为未来发展的思想向导，以中国传统文化为我们实现国家崛起的思想理论基础。

30多年改革开放的成就与崛起，60多年新中国的屹立与强盛，在于马克思主义的指导，在于马克思主义的不断中国化。正如胡锦涛同志在纪念建党 90 周年的讲话所指出的，中国共产党坚持把马克思主义基本原理同中国具体实际结合起来，在推进马克思主义中国化的历史进程中产生了两大理论成果：毛泽东思想和中国特色社会主义理论体系，完成和推进了三件大事，使中华民族的伟大复兴展现出前所未有的光明前景。这样的客观真理和历史结论，在上述时代和现实的思想动态面前，必然遭遇到严峻的挑战，必然产生激烈的交锋，迫使我们必须立足当代，对中国选择马克思主义而不是其他主义或中国传统文化，未来中国必须以马克思主义为指导而不是以别的主义为指导的历史必然性，给予明确而深刻的解答。

二、《共产党宣言》与马克思主义在中国

1848 年《共产党宣言》（以下简称《宣言》）的发表，不仅标志着马克思主义的诞生，而且标志着国际共产主义运动的开端。《宣言》是科学社会主义的最重要的纲领性文件。正如列宁曾评价说：这本书篇幅不多，价值却相当于多部巨著。《宣言》是马克思和恩格斯著作中篇幅虽小但影响巨大的作品，它浓缩了马克思主义的精华。《宣言》是传播最广的一部科学政治思想著作。在出版数量方面，只有《圣经》可以与之相比。2000 年 9 月，在第三个千年即将来临的时候，英国广播公司在全球互联网上进行了一次调查：谁是第二个千年最伟大的思想家？结果排名第一的是卡尔·马克思，爱因斯坦、牛顿均排其后。

从 1840 年至今的中国近现代史的长过程来看，马克思和恩格斯合著的《共产党宣言》是全世界范围内对中国影响最大的一部著作。中国共产党的第一、二代领导人都对《宣言》有着特殊的情感和理解，通过《宣言》接受并信仰了马克思主义。1936 年毛泽东对埃德加·斯诺说："有三本书特别深刻地铭刻在我的心中，建立起我对马克思主义的信仰。我一旦接受了马克思主义是对历史的正确解释以后，我就对马克思主义的信仰没有动摇过。"❶ 他所说的三本书，首先就是《共产党宣言》。新中国成立后，毛泽东说自己每年都要把《宣言》读几遍。邓小平在 1992 年视察南方的谈话中，也明确说《宣言》是他的马克思主义的"入门老师"。

---

❶ 埃德加·斯诺：《西行漫记》，生活·读书·新知三联书店 1979 年版，第 131 页。

从 20 世纪至今的历史来看,《宣言》及马克思主义影响中国、改变中国的最重要的思想观点有以下几个:其一,是资本主义必然灭亡,社会主义必然胜利的"两个必然"的思想。马恩在《宣言》中的这一论断,深刻揭示了人类社会发展的客观规律和历史趋势,使先进的中国人对社会发展的认识建立在科学的基础上,从而对中国社会发展的方向与自身的奋斗目标有了明确的把握。其二,是共产主义价值观和未来社会的美好理想。建立在"两个必然"基础上的共产主义价值观,使中国人最终突破了鸦片战争以来的旧民族主义的片面性和狭隘性,把中国人民的解放事业与人类的最终解放事业联系起来。以"自由人的联合体"为标志的未来社会,为中国人描绘了奋斗之后的光明前景,激发人们为之不懈地奋斗。其三,是唯物史观的基本理论和科学方法。作为贯穿《宣言》的基本思想的唯物史观是马恩展开自己的理论和论述的基础,更是教会中国共产党人科学地分析和透视一切社会问题的根本方法。正如恩格斯在 1883 年德文版序言中所指出的:"贯穿《宣言》的基本思想:每一历史时代的经济生产以及必然由此产生的社会结构,是该时代政治的精神的历史的基础;因此(从原始土地公有制解体以来)全部历史都是阶级斗争的历史,即社会发展各个阶段上被剥削阶级和剥削阶级之间、被统治阶级和统治阶级之间斗争的历史;而这个斗争现在已经达到这样一个阶段,即被剥削被压迫的阶级(无产阶级),如果不同时使整个社会永远摆脱剥削、压迫和阶级斗争,就不再能使自己从剥削它压迫它的那个阶级(资产阶级)下解放出来。"❶ 其四,是阶级斗争学说。它彻底改变了中国人习以为常的分合治乱史观,使中国人找到了改变现状求得国家和社会问题解决的思想武器和科学方法。其五,是无产阶级的历史使命和无产阶级政党的学说。它使先进的中国人认识到无产阶级肩负着推翻旧社会、创造新世界的伟大历史使命,为此必须组织起无产阶级政党,即共产党;它所宣告的共产党的性质、纲领和奋斗目标被中国共产党所接受并付诸实践。其六,是生产力理论。它指明了无产阶级取得政权后,必须尽快地通过发展社会生产力而尽快地增加生产力的总量,建立强大的社会主义物质基础,从而使中国人建立起以产业革命为基

---

❶ 马克思和恩格斯:《共产党宣言》,《马克思恩格斯选集》第 1 卷,人民出版社 1995 年版,第 252 页。

础的现代文明观。其七，是全球化的思想。《宣言》阐述的全球化的思想，清楚地为我们分析了世界大势与作为经济文化落后国家的处境，使得我们最终走上了顺应全球化浪潮，主动地改革开放以实现现代化的民族复兴的道路。

以上这些思想和观点在中国革命、建设和改革的不同时期发挥作用，从而体现和折射出《宣言》和马克思主义对中国的影响的不断转换的过程；当然，也体现和折射出我们对马克思主义的理解和把握的不断深化的错综复杂的过程，因为理解者总是以自己的经历、自己的实践和自己的国情去理解和读懂别人及其思想的。正如：一批批的革命者正是因为共产主义的崇高理想而前赴后继、不屈不挠地奋斗，才有了中国革命的胜利，建立了新中国；由于中国的独特国情，使得我们在革命战争年代对阶级斗争和暴力革命有着深刻的理解和得心应手的运用；在改革开放的新时代，经过"阶级斗争为纲"的深刻教训，我们才重新认识了社会主义必须发展生产力的思想；也正是经过社会主义初级阶段的艰难曲折，才更加深刻地理解和认知了自己与"自由人的联合体"的未来社会即共产主义社会的差距。然而，无论如何我们都应看到，《宣言》所包含的马克思主义的基本观点涵盖了中国共产党对马克思主义理解和把握的主要方面，涵盖了马克思主义指导中国革命的主要观点，因而它对中国的影响是巨大的，它彻底改变了中国社会的面貌，改变了中华民族的命运。这正是在中国历史和人民最终选择了马克思主义的主要原因。

三、中国选择马克思主义主要取决于近现代中国的社会现实需要

依据马克思主义唯物史观社会存在决定社会意识的观点，一个国家、一个民族、一个政党选择什么主义，以什么理论为指导，举什么旗帜引路，并非主观人为决定的，而是有着深刻的社会历史和现实的根源，是由社会现实需要决定的。中国选择了马克思主义，马克思主义在中国最终生根、开花、结果，不是中国共产党人的主观臆想和率性而为，而是由近现代中国的社会现实决定的，它取决于马克思主义解决中国社会现实问题的程度。

1840年之后的近现代中国，是一步步沦入半殖民地半封建社会深渊的中国；是中华民族不屈不挠地抗争，为求得民族独立和人民解放、国家繁

荣富强和人民共同富裕而艰苦卓绝地奋斗的中国；是展开了赶超发达国家而实现现代化历史进程的中国。因而独立和富强是摆在中国人面前的两大历史课题，为了独立而革命和为了富强而发展也就成为中国最大的社会现实需要。显然，哪个主义和理论能够解决这两大历史课题，满足中国这一最大的社会现实需要，就会被历史选择和人民选择。我们可以在此思路上对近现代中国的主要思潮和派别进行大致的分析。

（一）以儒家学说为主体的中国传统文化无力解决这些问题。近代中国所遭遇到的一切，国破家亡的现实和被动挨打的处境，凸显了深重的民族生存危机，而民族生存危机背后则是深层的中华传统文化的危机。包括孔孟老庄学说在内的中华传统文化无法说明和解释近代中华民族的处境从何而来，出路又在何方，更无法为中华民族找到救亡图存和民族复兴的正确的道路和方法，无法回答如何完成中国的现代化的问题。因而，从自身母体中无法生长出先进的思想理论，眼光必须向外部世界去寻找。

（二）西方资产阶级的民主主义和自由主义思想在中国遇到了难以克服的难题和无法逾越的困境。向外部世界寻找救国救民真理和道路的过程中，资产阶级民主主义和自由主义的源头的欧美西方发达国家，在中国长期扮演着先生和敌人的双重角色。自1840年第一次鸦片战争起，一次次地侵略中国、掠夺中国的同时，也向中国展示着先进的工业文明、先进的生产力和先进的生产方式；在为中国展示现代化的样本和目标的同时，也日益让中国人认识到其对中国的侵略和压迫，日益让中国人认识到必须推翻西方帝国主义与国内封建主义的必要。正如中国革命的先行者孙中山所指出的，多年学习西方，但是先生总是欺负学生。这样的现实状况，使得觉悟起来的中国人在看到新的希望和选项（如苏俄十月社会主义革命原初所展示的国家平等、民族平等和人民平等的马克思主义的新理念）后，必然毫不犹豫地用后者取代前者。客观的事实是，正是因为有了第一次世界大战，中国人才第一次理直气壮地认定自己应该可以和列强各国平起平坐，并对公理和正义不能惠顾中国而表现出强烈的不满和民族情绪。第一次世界大战典型地表现出资本主义的没落，让中国人认识到中国的现代化问题不同于西方的现代化问题，西方现代化是全球化的前提和条件，而中国的现代化问题则是全球化压力即西方入侵的产物，是被动的现代化，中国只有反抗和推翻西方列强的统治，国家和民族才会有真正的希望。这一切充分表明中国注定要走一条既不同于传统文化也不同于西方文化的道路,而十月社会主义革命却代表着马克思主义和社会主义的升起。因而,人们不愿意看到中国重蹈没落的资本主义道路,而愿意把中国的未来寄希望于马克思主义和社会主义的探索上。至于西方的其他思想和思潮,诸如无政府主义,也同样不能解决中国的社会现实问题,在一个救亡图存为第一需要的国度里,甚至是南辕北辙。对此毛泽东总结到:"绝对的自由主义、无政府主义,以及德莫克拉西主义,依我现在之看法,都只认为理论上说得好听,事实上做不到。"因此,"我看俄国式革命,是无可如何山穷水尽诸路皆走不通了的一个变计,并不是有更好的方法弃而不采。"❶

(三)《宣言》及马克思主义来到中国主要解决了救亡(独立)和富强两大课题,满足了为了独立而革命和为了富强而发展的社会现实需要。中国人为什么需要并选择了马克思主义,党的历史文献提供了答案,其中最权威的说法是,只有马克思主义和社会主义才能救中国。重读《共产党宣言》我们可以基本理清这一问题的脉络,我们可以清晰地看出,《宣言》所阐释的马克思主义理论为我们揭示了近现代中国所处的国际环境,告诉我们处境从何而来,出路又在何方,解决问题的方法是什么,中国的未来和前途又在哪里。第一,《宣言》指出了近代中国半殖民地半封建社会的处境的由来及其面对的国际环境。《宣言》深刻论述了由于西方资本主义的发展,地理大发现、海外殖民掠夺和海外殖民地的开拓,东方落后国家不可避免地成为西方发达国家的附庸,沦为它们的殖民地或半殖民地。"不断扩大产品销路的需要,驱使资产阶级奔走于世界各地。它必须到处落户,到处开发,到处建立联系。"❷ "资产阶级,由于开拓了世界市场,使一切国家的生产和消费都成为世界性的了。"❸ "过去那种地方的和民族的自给自足和闭关自守状态,被各民族的各方面的互相往来和各方面的相

---

❶ 《毛泽东给肖旭东蔡林彬并在法诸会友信》,《新民学会通信集》,人民出版社1980年版,第148~149页。

❷ 马克思和恩格斯:《共产党宣言》,《马克思恩格斯选集》第1卷,人民出版社1995年版,第276页。

❸ 马克思和恩格斯:《共产党宣言》,《马克思恩格斯选集》第1卷,人民出版社1995年版,第276页。

互依赖所代替了。"❶ "资产阶级由于一切生产工具的迅速改进,由于交通的极其便利,把一切民族甚至最野蛮的民族都卷到文明中来了……一句话,它按照自己的面貌为自己创造出一个世界。"❷ "资产阶级使农村屈服于城市的统治,……它使未开化和半开化的国家从属于文明的国家,使农民的民族从属于资产阶级的民族,使东方从属于西方。"❸ 马恩在这里深刻地揭示出近现代中国所处的国际环境和时代背景,指出了中国近现代社会救亡和发展两大主题的由来。这种基于对世界历史发展趋势和走向的深刻分析和洞察之上的对宏观历史的唯物史观式的阐释,正是人们期盼的科学而有说服力的解释,是包括中华传统文化和资产阶级民主思想在内的所有思潮所无法达到的。这样的深刻论述,即使放在今天的国际环境和时代背景下,也丝毫不过时,丝毫不减其理论的深度和思想的光辉。第二,《宣言》为我们指明了出路和前途。尽管《宣言》不是为解决中国问题而写的,但是,它所论证的基于社会基本矛盾即生产力和生产关系的矛盾运动基础上的社会发展规律的原理,以及在此基础上的社会主义必然取代资本主义的科学结论,对取代资本主义社会的未来美好社会的描绘和设想,必然为苦苦寻求出路的中国指明了未来的方向,激励先进的中国人为埋葬旧社会建立新社会而奋斗,当然这也就使得中国未来的发展方向必然地指向了社会主义而不再是资本主义了。关于这些,联系近代以来西方列强在中国的所作所为和苏俄十月社会主义革命的实际,更坚定了中国的革命者抛弃西方资本主义的思潮和主张而选择马克思主义。第三,《宣言》同时为我们指明了解决中国现实问题的方法。《宣言》阐述的阶级斗争和暴力革命的理论,无论是从中国的国情还是从近现代中国的现实来看,都极大地符合实际,因而最终被中国共产党人所深刻理解,并得心应手地应用。简言之,《宣言》来到中国,主要解决了革命和发展两大问题。反帝反封建、民族独立、国家统一以及人民的解放都属于革命问题,这些问题是在1840年鸦片战争之后提出来的,直到《共产党宣言》的阶级斗争学说进入中国

---

❶ 马克思和恩格斯:《共产党宣言》,《马克思恩格斯选集》第1卷,人民出版社1995年版,第276页。
❷ 马克思和恩格斯:《共产党宣言》,《马克思恩格斯选集》第1卷,人民出版社1995年版,第276页。
❸ 马克思和恩格斯:《共产党宣言》,《马克思恩格斯选集》第1卷,人民出版社1995年版,第276~277页。

并成为中国革命的指导思想才获得了彻底地解决。《宣言》的另一个重要思想，即无产阶级取得政权后应尽可能快地增加生产力的总量，则属于发展问题，是新中国成立后提出的，它回答了经济文化落后国家建设社会主义的路径与方法。只可惜，我们是在经历了"文革"的磨难后才重新回归了《宣言》的思想立场，认识到发展生产力的必要性。当然，《宣言》还明确地指出无产阶级必须建立自己的组织即建立自己的政党，作为无产阶级解放斗争的领导者和组织者，这无疑成为中国共产党得以建立进而成为中国革命的领导者的思想指导，于是才有了中国历史上开天辟地的大事件。综上所述三个方面，我们可以看到，在中国，历史和人民最终选择了马克思主义，主要是由近现代中国的社会现实需要决定的。在马克思主义的指导下，中国解决了救亡（独立）这一历史性的课题，正在为国家的富强和人民的共同富裕这一课题的最终解决而奋斗。

四、结论和认识

每一个正在崛起的大国，都必然会向自己的母体文化去寻根，都力图在做经济大国的同时，去展示自己文化大国的渊源，当下的中国也不例外。这种需求和力量既来自社会精英阶层，也来自下层草根民间，其力量一旦展示，便爆发出巨大能量，让我们不能不直面思考。然而，越是这样的时刻，我们越有必要明确地指出，大国崛起需要向自身传统文化去寻求力量，但中华传统文化在中国崛起中自有其作用和位置，这个位置和作用不是作为指导思想。作为未来中国继续前进的指导思想仍然是马克思主义，是中国共产党把马克思主义和中国实际不断地结合而产生的马克思主义中国化的理论成果——毛泽东思想和中国特色社会主义理论体系。我们必须旗帜鲜明地指出这一点，正大光明地宣传这一点，理直气壮地捍卫这一点。

崛起的大国要有开阔的胸襟和宽广的视野，所以我们要兼容并包，不断地吸纳世界其他国家和文明的优秀成果，这样我们才能走得更远、走得更快、走得更好。然而，我们必须认识到，无论过去、现在还是未来，西方的各种思潮都应是我们的参照系，我们对之必须取其精华、去其糟粕。我们必须时刻清醒地提醒自己，不能用它们取代马克思主义的指导地位。30多年的改革开放，为了国力的强大和探索新路，我们曾经主张不争论，然而我们不能因此而模糊了认识,更不能因此而动摇了信念和信心,这恰恰是当下中国发展必须警惕的问题。

(中共北京市委党史研究室、《前线》杂志社、北京市社会科学界
联合会、北京市中共党史学会"北京市党史系统庆祝中国
共产党成立95周年学术研讨会"论文集)

对实践中完整准确地理解和把握邓小平理论若干问题的反思

  理论诉诸实践之后往往伴随着偏差、错位和变形。我们不仅要看到邓小平理论指导中国改革和发展所取得的成果与辉煌,而且应该看到邓小平理论在理解、运用、实践执行上存在的问题、偏差和错位,这恰恰是现阶段中国改革和发展出现的诸多深层次问题的重要原因。21世纪,中国共产党肩负着2020年建设全面小康的艰巨任务和伟大使命,认真地对实践中的邓小平理论进行反思,不仅有助于我们进一步掌握邓小平理论,而且有助于我们全面贯彻"三个代表"重要思想,有助于我们从容地面对今天中国改革和发展中的新问题,坚定不移地将改革开放和社会主义现代化设事业推向前进。

一、问题的提出:反思实践中的邓小平理论应注意的两个方面

  马克思主义哲学认为,科学理论对实践具有重大的指导和推动作用。这一点,不仅被马克思主义与中国革命实践相结合产生的毛泽东思想指导中国革命的成功所证实,而且被当代中国的马克思主义——邓小平理论指导中国改革开放和社会主义现代化建设事业所取得的伟大成就再次证明。

  回首20多年中国发展的历程,可以看到,中国改革开放的实践以及中国经济社会的发展与邓小平理论共生共荣。一方面是改革、开放的推进,中国经济社会迅速发展,综合国力显著提高;另一方面是邓小平理论的提出、形成、发展,直至形成成熟的理论体系,根植于中国改革开放和社会主义现代化事业的邓小平理论以极其巨大的理论对实践的指导作用,理论

对现实的能动作用推动了中国经济的发展和社会的进步。邓小平理论每实现一次创新和飞跃，中国社会就会随之向前推进和发展。1978年的"真理标准大讨论"，冲破"两个凡是"，将以"阶级斗争为纲"转变为"以经济建设为中心"，这些理论上的创新带来党的指导思想变化，工作中心的转移，中国开始了改革开放的新时期，这是当代中国变革和发展的起点。1992年，邓小平发表"南方讲话"，冲破了计划与市场姓"社"姓"资"的困惑，郑重而明确宣告基本路线要一百年不动摇。党的十四大明确提出建立社会主义市场经济体制，党的十五大确立社会主义初级阶段公有制为主体、多种所有制共同发展的基本经济制度。理论上不断的推进与创新，加快了中国社会市场、民主、法治、开放的进程，中国取得了举世公认的伟大成就，中国社会发展到了一个新阶段。20多年中国改革与发展的历史证明：没有邓小平理论，就没有今天的中国；改革的推进，经济和社会的发展首要因素在于邓小平理论的正确指导，在于我们党、政府、各级领导干部对邓小平理论的正确把握、坚定贯彻、创造性应用。这是我们分析中国走过20多年改革开放里程时应该注意到的一个重要内容，是我们分析和考察今天中国社会时应该观察到的一个方面，它也是主要的方面。

但是，它不是唯一的方面，我们还应该在这种分析和考察中看到另一个方面。马克思主义哲学告诉我们，要学会运用矛盾分析法去分析认识问题，避免犯形而上学片面性错误。我们在看到邓小平理论及其在实践中的正确把握、运用带来的中国发展的伟大成就和辉煌的同时，也应看到另一方面。中国社会在20多年的改革开放经济社会空前发展的今天，面对着诸多深层次的矛盾、问题和困扰，城乡地区之间发展的失衡，社会贫富分化迅速，环境破坏严重，资源日趋紧张等等。尽管许多问题是经济社会发展演进中不可避免的，但是认真思考就会发现，今天中国的问题与我们对邓小平理论的理解、把握、宣传和实践中运用的错位、偏差有着内在的关联。我们对邓小平理论在理解、宣传、实践运用上的偏差、错位，正是今天中国发展面对深层次问题、矛盾的一个重要原因，这就是我们必须看到的另一方面。

因此，回顾过去历程，展望中国未来发展，对作为我们指导思想的邓小平理论在实践中的偏差、错位作一个反思更有意义。

二、邓小平理论在实践中存在的问题与偏差

(一)"以经济建设为中心"理解上的偏差与执行中的错位

"以经济建设为中心"与坚持改革开放和坚持四项基本原则一起被称为"一个中心,两个基本点"的基本路线,邓小平称之为中国的发展路线。

"以经济建设为中心"取代"以阶级斗争为纲",标志着党和国家工作中心的转移。是中国共产党正确分析我国社会主义初级阶段的基本国情,准确判断我国社会落后的社会生产和日益增长的人民群众物质文化需求的主要矛盾基础上作出的决策。"以经济建设为中心""发展是硬道理"鲜明地表达了邓小平解决当代中国一切问题的着眼点和路径。应该指出的是,"以经济建设为中心"的目的和归宿是社会主义国家综合国力的提高,是人民群众物质文化生活水平的提高,是整个社会物质文明、精神文明、政治文明的协调发展,是社会成员的共同富裕,是社会的全面进步和人的全面发展。

然而,如果我们仔细分析就会发现,"以经济建设为中心"在实践中往往丢掉了目的而使自身成为目的,在各级领导的工作中变成了"为了经济而经济"。于是,"以经济建设为中心"变成了以 GDP 的增长为中心,片面追求 GDP 的增长;考察干部,决定干部任免升迁时单打一的经济标准和片面的政绩观;演变为领导干部实际做法上将"以经济建设为中心"换成了"以个人的荣辱升迁为中心",工作中欺上瞒下,弄虚作假,造政绩和侵害群众利益、破坏生态环境、有损于可持续发展的所谓形象工程。这种实践中的偏差与背离,严重地损害了党在人民群众心中的形象,严重地损害了人民群众对邓小平理论的认同,消减了邓小平理论对实践的积极指导作用,更为严重的是"在经济快速发展的同时,积累了大量的矛盾和问题:地区差距、城乡差距、居民收入差距持续扩大,就业和社会保障压力增加,教育、卫生、文化等社会事业发展滞后,人口增长、经济发展同生

态环境、自然资源的矛盾加剧"❶。

(二)"允许一部分人先富起来"的偏差与错位

"允许一部分人、一部分地区先富起来"是作为实现最终共同富裕的途径与前提提出的,是立足于我国生产力水平低,发展不平衡的实际提出的。它的正确性与合理性不仅在于一部分人和地区先富起来能够产生极大的示范力量和带动作用,而且在于一部分人和地区先富起来,是建立在生产力发展基础上的,这无疑将增强国家的经济实力,为国家通过倾斜政策支持和帮助落后地区尽快富裕起来提供物质基础。当然,允许一部分人先富起来的条件是诚实劳动、合法经营,其中包含了改革过程中国家宏观政策所带来的制度、政策上的机遇,如改革初期农村率先脱贫,改革推进至今作为党致富政策的受益者的新兴社会阶层的产生,这些均为正常现象。

然而,"允许一部分人先富起来",在执行过程中更多时候变成了"让一部分人先富起来",在政策导向和实施上表现为"为了一部分人先富起来",政策制定和实施明显保护和代表少数人利益。于是出现了"把优质国有资产让谁用谁就富,把特殊政策给谁用谁就富,出口配额、进口批件、廉价的土地使用权等稀缺垄断资源给谁谁先富。一句话,让谁富谁富"❷的状况。因而,改革20多年来,权力资本成为增值最快的资本。

这种实践中执行的偏差首先导致的是改革20多年后,中国社会贫富两极分化异常严重。我国的市场经济不是自然发展起来的,而是靠改革建立起来的。在实行几十年的计划经济体制后,从1979年开始自上而下的改革,通过双轨制逐步向市场经济过渡,少数人利用手中的权力,借用双轨制弊端,几乎没有经过资本积累就在短期内积累了大量财富,一跃成为金融资产高收入阶层。在市场经济还没有发育成熟的时候,社会分化和基本矛盾却迅速达到了尖锐化程度,蕴含了社会深层次的矛盾与危机。

不仅如此,这种执行中的偏差还加剧了中国社会主义市场经济建设的风险与危机。中国有两千多年的封建专制传统,中国社会历来是权大于法的社会。权力与市场结合在一起必然产生特权和腐败,必然产生设租寻租

---

❶ 温家宝:《提高认识、统一思想、牢固树立和认真落实科学发展观》,《光明日报》,2004年3月1日。

❷ 刘福垣:《中国发展失衡与国家发展战略的反思》,《新华文摘》,2003年第12期。

现象，正如著名经济学家吴敬琏所指出的，必然会产生"权贵资本主义"。这就必然加大了我们建立规范、公平、理性、法治的市场经济的困难，也为我们建设社会主义法治国家增加了难度。

从"允许一部分人先富起来"到"让一部分人先富起来""为了一部分人先富起来"，不仅反映了理论执行中的偏差，也反映了改革的"变形"，它从根本上背离了改革的目的，背离了共同富裕的目标，违背了"三个代表"的精神和"立党为公、执政为民"的宗旨。

（三）生产力标准的偏差与错位

邓小平理论中的"三个有利于"的标准是生产力标准的发展与具体化，是对生产力标准的完整准确的表达。"三个有利于"不仅是我们判断改革开放成败得失的标准，而且也是邓小平理论一系列理论观点的归宿，它使我们摆脱了姓"社"姓"资"的困惑，不断解放思想、与时俱进，不断开拓改革开放和社会主义现代化建设新局面。

然而，在一直以来的舆论宣传中经常存在的生产力标准的通俗表达是"猫论"——"不管黑猫白猫，抓住老鼠就是好猫"。人们一直用这句形象的语言为邓小平理论中生产力标准做宣传和解释，这个表达是极其不妥的。这样的表达虽然通俗易懂，却缺乏理论的严谨，非常容易产生歧义：不管黑道白道，挣钱就是好道；不管是否违法，赚钱就好；不管使用什么手段，财税和GDP上去就行；如此等等。

宣传上的模糊，反映理论认识上的模糊，导致了指导思想和观念的混乱。因而，在改革和发展经济的过程中腐败盛行、道德失范、法律缺失，精神文明建设陷入困境，社会在发展过程中付出了沉重的代价。

（四）"学习马列要精，要管用"的偏差与错位

"学习马列要精，要管用"是邓小平在"南方谈话"中的一个观点。邓小平针对学习马列主义理论过程中的形式主义，提出学习一定要抓住马列主义毛泽东思想的精髓和本质，要做到实事求是和理论联系实际，要有针对性。

"学习马列要精，要管用"，这一观点的提出确实引起了对马列主义理论学习的变革，对更好地运用马列主义解决研究中国实际问题起了非常好

的作用，这可以从十四大至十六大党的不断的理论创新和事业发展得到证实。

然而，在实际工作中，"学习马列要精"被理解为越少越好，甚至干脆不学。尽管中央有干部教育培训的整体要求和规划，但越到基层就越难落实，往往被硬指标的工作所冲击，即使办了专题培训班，短短几天的课程，除去部署工作安排，讲讲形势任务，所剩时间无几。更为严重的是，我们的领导干部思想上认为马列主义在搞市场经济时代是没用的，根本丧失兴趣，甚至思想抵触。"学马列要管用"更被演变成为实用主义地对待马列主义的理论依据。在许多领导干部的心中，马列主义在市场经济的时代里没有实用价值，带不来财富和 GDP 的增长，远没有西方经济学有用。如此认识和心态，对马列主义的淡漠，使我们的各级领导干部从根本上缺乏马列主义毛泽东思想邓小平理论的深厚功底，失去了自身成长的根基，不可能在立足马列主义的基础上从容面对、清醒把握变幻不定的各种思潮，因而也就不可能成为具有世界眼光和时代精神的马克思主义政治家。在实际工作中，只能是忙于应付，不可能创造性地开展工作。

笔者在基层党校工作近 20 年，切身体会了基层干部马克思主义基本理论知识的欠缺，切身体会了领导干部对学习马列主义毛泽东思想邓小平理论的极度不重视，而这一切恰恰是以对邓小平"学习马列要精，要管用"的错误理解和实用主义运用为前提的。

（五）社会主义初级阶段理论的偏差与错位

社会主义初级阶段理论揭示了中国这样的经济文化落后国家还不具备够格的社会主义的充分物质条件，因而，必须通过社会主义初级阶段这一特殊历史时期实现生产力的高度发达，实现市场经济的高度完善，实现商品经济的高度发达，为向社会主义过渡做好充分的物质准备。社会主义初级阶段理论是邓小平理论的一个基本理论前提，也是邓小平对我国基本国情的准确判断，它为我们搞好改革开放奠定了强大理论基础。

实践中对这一论断认识上的偏差和落实上的错位主要表现为：其一，将初级阶段作为政策失当、改革失误、腐败蔓延的借口，将社会主义市场经济体制建立过程中的负面现象归在社会主义初级阶段名下，缺乏从历史与现实的双重角度去理解这一论断，也就缺乏对党的路线、方针、政策深刻理解与把握。其二，对初级阶段的长期性认识不足，尽管邓小平一再强调初级阶段是一个漫长的历史过程，一再强调初级阶段至少上百年时间，各级领导干部在实践中仍然经常超越这一实际订规划、谈发展，在发展中片面求速度，一味追求率先的现代化，从而忽略了大多数人的利益和发展需要，使发展成为一种畸形的发展。

三、几点认识

（一）在实践中，完整准确地理解、把握、运用理论具有至关重要的意义

完整准确地理解、把握理论是实践中正确运用的关键，我们党历史上有因为对马列主义不完整、不准确理解而招致挫折和失败的深刻教训。

要做到让广大的领导干部和党员群众完整准确地把握理论，首先，理论界和舆论界对理论本身要有深刻理解、完整把握，在宣传中注意生动性、深入浅出的同时，不失理论的严谨性和准确性。其次，要随着实践的深入，结合理论指导实践过程中新问题的产生，及时地反思、发展、阐述理论，解决思想困惑，纠正认识偏差。

应该看到，理解者是以自己的经验、阅历、知识作背景和基础去理解理论的，从邓小平理论到各级政府、领导干部的工作方针政策和具体作风，中间经历的环节、制约的因素很多，任何一个环节出问题都会使理论走样、实践出偏差。因此，提高领导干部和党员群众的知识水平、思维水平，对完整准确把握理论，实践中正确运用理论同样具有至关重要的意义。

（二）坚持从人民群众根本利益出发，克服实用主义对待理论的态度，是正确把握理论和正确运用理论指导实践的重要一环

从个人利益出发还是从人民群众根本利益出发去理解、运用理论，其实践结果是根本不同的。对于各级领导干部而言，从个人利益出发，必然会对理论采取实用主义态度，运用理论制定的路线、方针、政策，就会为个人谋福利，就会使改革发生严重变形，甚至转向，最后颠覆中国的改革。当前，改革进入攻坚阶段，发展也进入关键时期，改革和发展需要各

级政府和领导干部的自觉推动，需要创造性地运用和发展邓小平理论，创造性地实践和落实"三个代表"重要思想，必须摒弃个人私利，真正做到"情为民所系，权为民所用，利为民所谋"，真正做到"立党为公，执政为民"，才能将邓小平开创的中国特色的社会主义事业推向前进。

（三）建设全面小康社会以及坚持以人为本，树立全面、协调、可持续的科学发展观的提出，是对邓小平理论的正确理解和应用，是与时俱进的发展

党的十六大以来我们党对改革开放走过的历程进行回顾，认真面对进入新世纪的新历史条件下的我国改革发展的深层次问题，以"三个代表"重要思想为指导，提出了"立党为公，执政为民"的新的治国理念，提出了坚持以人为本，树立全面、协调、可持续的科学发展观，确立了2020年建成惠及十几亿人口的全面小康社会的奋斗目标。这不仅体现了新领导集体对邓小平理论与时俱进的发展，更是在新条件下的新问题面前对邓小平理论反思的结果。这个反思将持久地进行下去，中国社会将伴随着这种理论与实践的反思而加快她的腾飞的步伐。

（中共北京市委宣传部、北京市委党校、北京市社科联、北京市社会科学院、中国特色社会主义研究中心、《前线》杂志社"纪念邓小平诞辰100周年学术研讨会"优秀论文奖，《纪念邓小平》，中央文献出版社2004年版）

制度与文化的双重审视——重读邓小平《党和国家领导制度的改革》的思考

邓小平《党和国家领导制度的改革》一文，一直被公认为邓小平政治体制改革思想的集中表述，是指导我国政治体制改革的纲领性文件，其中的思想为中国30多年的体制改革，特别是政治体制改革奠定了理论基础，提供了思想理论指导。在全面深化改革、推进治理体系和治理能力现代化

的今天，重温邓小平《党和国家领导制度的改革》，重新审视其中的思想和内涵，无疑具有极其重要的价值与意义。立足于推进政治体制改革，建设中国特色社会主义民主政治，推进国家治理体系和治理能力现代化的实际，本文认为就整体和宏观来看，邓小平《党和国家领导制度的改革》一文有制度和文化两个层面的认知视角，正是基于此，本文尝试从制度和文化双重意义上对邓小平《党和国家领导制度的改革》，做一个重读和思考。

一、制度层面：邓小平政治体制改革思想的主要内容

从总体和宏观来看，邓小平在《党和国家领导制度的改革》一文中，首先是从制度的层面阐述政治体制改革思想的。在此文中，他集中论述了我国政治体制改革的目的意义与任务原则，在总结国内外社会主义国家政权建设的历史经验，特别是中国十年"文革"的深刻教训的基础上，尖锐地揭露和分析了我国现行政治体制存在的种种弊端及其产生的原因，较为完整地从制度改革的层面与意义上阐述了政治体制改革的基本思想，因而，这篇著作成为30多年来指导我国政治体制改革的纲领性文件。强调有破有立地在制度层面上进行改革与建设，是邓小平《党和国家领导制度的改革》中政治体制改革思想的鲜明特色。

（一）阐明了以党和国家领导制度改革为主要内容和重点的政治体制改革的目的、意义与检验标准

邓小平在《党和国家领导制度的改革》一文中指出："改革党和国家领导制度及其他制度，是为了充分发挥社会主义制度的优越性，加速现代化建设事业的发展。"❶ 关于充分发挥社会主义制度的优越性，他指出主要应当实现三方面的要求："经济上，迅速发展社会生产力，逐步改善人民的物质文化生活"；"政治上，充分发扬人民民主，保证全体人民享有通过各种有效形式管理国家、特别是管理基层地方政权和各级企业事业的权力，享有各项公民权利，健全革命法制，正确处理人民内部矛盾，打击一切敌对力量和犯罪活动，调动人民群众的积极性，巩固和发展安定团结、生动活泼的政治局面"；"组织上，迫切需要大量培养、发现、提拔、使用

---

❶ 《邓小平文选》第2卷，人民出版社1994年版，第322页。

坚持四项基本原则的、比较年轻的、有专业知识的社会主义现代化建设人才"。❶ 关于进行社会主义现代化建设，他指出同样要达到三项要求，即"要在经济上赶上发达的资本主义国家，在政治上创造比资本主义国家的民主更高更切实的民主，并且造就比这些国家更多更优秀的人才"❷。可见，社会主义现代化建设这三条要求同发挥社会主义制度的优越性要实现的三项要求，其基本精神是完全一致的。邓小平进一步指出："党和国家的各项制度究竟好不好，完善不完善，必须用是否有利于实现这三条来检验。"❸ 就是说，党和国家领导制度及其他制度的改革，其基本要求和检验标准就在于是否有利于实现经济、政治、组织这三个方面的要求。

邓小平关于政治体制改革的目的与检验标准的论述，鲜明地指出了我国政治体制改革的实质，并不是照搬西方的政治制度，而是要在坚持中国特色社会主义基本政治制度的前提下，对现有政治体制和具体政治制度的弊端进行改革，是立足国情基础上的对中国特色社会主义政治制度的完善和发展。

（二）鲜明指出了党和国家领导制度、干部制度方面存在的主要弊端

邓小平指出："党和国家现行的一些具体制度中，还存在不少的弊端，妨碍甚至严重妨碍社会主义优越性的发挥。如不认真改革，就很难适应现代化建设的迫切需要，我们就要严重地脱离广大群众。"❹ 他历数和分析了党和国家领导制度、干部制度等方面存在的主要弊端，指出"从党和国家的领导制度、干部制度方面来说，主要的弊端就是官僚主义现象，权力过分集中的现象，家长制现象，干部领导职务终身制现象和形形色色的特权现象"❺。

第一，他阐述了官僚主义的主要表现、危害及官僚主义产生的根源。指出官僚主义现象是我们党和国家政治生活中广泛存在的一个大问题，官

---

❶ 《邓小平文选》第2卷，人民出版社1994年版，第322页。
❷ 《邓小平文选》第2卷，人民出版社1994年版，第322页。
❸ 《邓小平文选》第2卷，人民出版社1994年版，第322~323页。
❹ 《邓小平文选》第2卷，人民出版社1994年版，第323页。
❺ 《邓小平文选》第2卷，人民出版社1994年版，第323页。

僚主义现象的主要表现和危害是："高高在上，滥用权力，脱离实际，脱离群众，好摆门面，好说空话，思想僵化，墨守成规，机构臃肿，人浮于事，办事拖拉，不讲效率，不负责任，不守信用，公文旅行，互相推诿，以至官气十足，动辄训人，打击报复，压制民主，欺上瞒下，专横跋扈，徇私行贿，贪赃枉法，等等。这无论在我们的内部事务中，或是在国际交往中，都已达到令人无法容忍的地步。"❶

第二，邓小平着重阐述了权力过分集中的表现、危害、产生原因和反对权力过分集中要注意把握的尺度等问题。指出"权力过分集中的现象，就是在加强党的一元化领导的口号下，不适当地、不加分析地把一切权力集中于党委，党委的权力又往往集中于几个书记，特别是集中于第一书记，什么事都要第一书记挂帅、拍板。党的一元化领导，往往因此而变成了个人领导"❷。"权力过分集中于个人或少数人手里，多数办事的人无权决定，少数有权的人负担过重，必然造成官僚主义，必然要犯各种错误，必然要损害各级党和政府的民主生活、集体领导、民主集中制、个人分工负责制等等。"❸

第三，邓小平阐述了家长制的实质、家长制在我党历史上的表现和克服家长制作风的方法等问题。指出"革命队伍内的家长制作风，除了使个人高度集权以外，还使个人凌驾于组织之上，组织成为个人的工具。家长制是历史非常悠久的一种陈旧社会现象，它的影响在党的历史上产生过很大危害"❹。家长制破坏党多年形成的民主集中制传统，造成党内生活不正常、一言堂、个人崇拜、个人凌驾于组织之上。"不少地方和单位，都有家长式的人物，他们的权力不受限制，别人都要唯命是从，甚至形成对他们的人身依附关系。"❺ 致使党内政治生活和政治生态环境不健康，把同志关系、上下级关系变成了帮派关系或君臣父子关系。"不彻底消灭这种家长制作风，就根本谈不上什么党内民主，什么社会主义民主。"❻

第四，邓小平着重阐述了干部领导职务终身制形成的原因和废除干部

---

❶ 《邓小平文选》第 2 卷，人民出版社 1994 年版，第 323 页。
❷ 《邓小平文选》第 2 卷，人民出版社 1994 年版，第 328～329 页。
❸ 《邓小平文选》第 2 卷，人民出版社 1994 年版，第 329 页。
❹ 《邓小平文选》第 2 卷，人民出版社 1994 年版，第 329～330 页。
❺ 《邓小平文选》第 2 卷，人民出版社 1994 年版，第 331 页。
❻ 《邓小平文选》第 2 卷，人民出版社 1994 年版，第 331 页。

领导职务终身制等关键问题。强调"关键是要健全干部的选举、招考、任免、考核、弹劾、轮换制度,对各级各类领导干部(包括选举产生、委任和聘用的)职务的任期,以及离休、退休,要按照不同情况,作出适当的、明确的规定"❶。

第五,邓小平着重阐述了特权的危害、产生原因和克服特权现象的途径等问题。指出,"'文化大革命'中,林彪、'四人帮'大搞特权,给群众造成很大灾难。当前,也还有一些干部,不把自己看作是人民的公仆,而把自己看作是人民的主人,搞特权,特殊化,引起群众的强烈不满,损害党的威信,如不坚决改正,势必使我们的干部队伍发生腐化"❷。强调用党纪国法和人民群众的监督去解决特权问题,指出"克服特权现象,要解决思想问题,也要解决制度问题。公民在法律和制度面前人人平等,党员在党章和党纪面前人人平等。人人有依法规定的平等权利和义务,谁也不能占便宜,谁也不能犯法。不管谁犯了法,都要由公安机关依法侦查,司法机关依法办理,任何人都不许干扰法律的实施,任何犯了法的人都不能逍遥法外。谁也不能违反党章党纪,不管谁违反,都要受到纪律处分,也不许任何人干扰党纪的执行,不许任何违反党纪的人逍遥于纪律制裁之外。只有真正坚决地做到了这些,才能彻底解决搞特权和违法乱纪的问题。要有群众监督制度,让群众和党员监督干部,特别是领导干部"❸。

(三)强调要克服党和国家各项具体制度中存在的种种弊端,根本的问题是改革制度

在《党和国家领导制度的改革》中,邓小平将制度改革与建设提到前所未有的高度。认为必须从制度改革入手,从制度层面解决问题,抓好制度改革与建设。

基于对党和国家政治生活中的严重教训,特别是十年"文革"的严重教训进行的深刻反思,邓小平指出:"我们过去发生的各种错误,固然与某些领导人的思想、作风有关,但是组织制度、工作制度方面的问题更重要。这些方面的制度好可以使坏人无法任意横行,制度不好可以使好人无

---

❶《邓小平文选》第2卷,人民出版社1994年版,第332页。
❷《邓小平文选》第2卷,人民出版社1994年版,第332页。
❸《邓小平文选》第2卷,人民出版社1994年版,第332页。

法充分做好事,甚至会走向反面。"❶ "我们今天再不健全社会主义制度,人们就会说,为什么资本主义制度所能解决的一些问题,社会主义制度反而不能解决呢?"❷ "斯大林严重破坏社会主义法制,毛泽东同志就说过,这样的事件在英、法、美这样的西方国家不可能发生。他虽然认识到这一点,但是由于没有在实际上解决领导制度问题以及其他一些原因,仍然导致了'文化大革命'的十年浩劫。这个教训是极其深刻的。"❸ 他进而指出:"不是说个人没有责任,而是说领导制度、组织制度问题更带有根本性、全局性、稳定性和长期性。这种制度问题,关系到党和国家是否改变颜色,必须引起全党的高度重视。"❹ "如果不坚决改革现行制度中的弊端,过去出现过的一些严重问题今后就有可能重新出现。只有对这些弊端进行有计划、有步骤而又坚决彻底的改革,人民才会信任我们的领导,才会信任党和社会主义,我们的事业才有无限的希望。"❺

从改革制度着手,强调从制度层面解决问题,是邓小平政治体制改革思想的鲜明特色。在注重制度建设方面,邓小平有一个非常独到深刻的见解,就是要从肃清封建主义影响的角度去考虑制度的改革,因为党和国家领导制度存在的种种弊端,多少都带有封建主义的色彩。因此,他在《党和国家领导制度的改革》中强调:"肃清封建主义残余影响,重点是切实改革并完善党和国家的制度,从制度上保证党和国家政治生活的民主化、经济管理的民主化、整个社会生活的民主化,促进现代化建设事业的顺利进行。"❻

二、文化层面:邓小平政治体制改革思想不能忽视的内容

纵观邓小平《党和国家领导制度的改革》中的论述,可以看到,虽然他并没有使用文化这个词,也没有明确指出以党和国家领导制度改革为重点的政治体制的改革的推进,需要相应的文化的有力支撑,但是他在文中

---

❶ 《邓小平文选》第2卷,人民出版社1994年版,第333页。
❷ 《邓小平文选》第2卷,人民出版社1994年版,第333页。
❸ 《邓小平文选》第2卷,人民出版社1994年版,第333页。
❹ 《邓小平文选》第2卷,人民出版社1994年版,第333页。
❺ 《邓小平文选》第2卷,人民出版社1994年版,第333页。
❻ 《邓小平文选》第2卷,人民出版社1994年版,第336页。

无论是关于制度层面对封建主义残余影响的剖析，还是在政治思想领域肃清封建主义残余思想问题的论断，今天看来，就其根本意义上，是阐述了政治体制的改革与建设需要的文化环境、文化理念的配合和支撑。因而，本文认为，邓小平在《党和国家领导制度的改革》一文中，不仅重点在制度层面对政治体制改革的思想进行了论述，而且更在文化层面上对政治体制改革进行了思考，后者是我们理解邓小平政治体制改革思想不能忽视的内容，具有极其重要的意义。

广义的文化是指"人类卓立于自然的独特生存方式"❶，包括物态文化层、制度文化层、行为文化层和心态文化层四个层次的内容。文化既可以体现为由各种社会规范、社会制度、社会组织构成的制度文化层，也可以体现在由长期社会实践和意识活动育化出的思想价值观念、思维方式等心态文化层。邓小平在《党和国家领导制度的改革》中的相关论述，无疑含涉了上述方面。其中的阐述主要是通过反思封建主义残余在制度和政治思想方面的影响体现出来的。邓小平在这篇改革开放之初深刻总结"文革"教训的《党和国家领导制度的改革》一文中，从文化的上述两个方面反思了封建主义残余对党和国家的影响。

（一）从制度文化的层面上看，阐述了党和国家领导制度方面受到的封建主义的影响

他指出，从党和国家的领导制度、干部制度方面来说，主要的弊端就是官僚主义现象，权力过分集中的现象，家长制现象，干部领导职务终身制现象和形形色色的特权现象。强调这些弊端都带有封建主义色彩，官僚主义除了和高度中央集权的计划体制、管理体制有关，还受历史上封建时代的官僚主义影响；权力过分集中现象除了承接共产国际实行的领导者高度集权的传统外，同我国历史上封建专制主义的影响有关；家长制、干部职务终身制、特权等均与封建主义残余影响有关。"旧中国留给我们的，封建专制传统比较多，民主法制传统很少。解放以后，我们也没有自觉地、系统地建立保障人民民主权利的各项制度，法制很不完备，也很不受

---

❶ 张岱年，方克立：《中国文化概论》，北京师范大学出版社2004年版，第3页。

第六章 关于"中国梦与软实力建设"的若干思考

重视。"❶ 显然,在制度文化方面,邓小平非常清醒地看到了封建主义残余的影响,因而从制度文化层面去肃清封建主义残余影响,是邓小平在《党和国家领导制度的改革》中思考政治体制改革和社会主义民主政治建设的一个重要的立足点。这也是我们领会邓小平政治体制改革思想必须认识到的内容。

(二) 从思想观念层面上看,阐述了思想政治文化方面受到的封建主义影响

他在指出上述党和国家领导制度上的弊端,多少都带有封建主义的色彩之后,指出"社会关系中残存的宗法观念、等级观念;上下级关系和干群关系中在身份上的某些不平等现象;公民权利义务观念薄弱;经济领域中的某些'官工''官商''官农'式的体制和作风;片面强调经济工作中的地区、部门的行政划分和管辖,以至画地为牢,以邻为壑,有时两个社会主义企业、社会主义地区办起交涉来会发生完全不应有的困难;文化领域中的专制主义作风;不承认科学和教育对于社会主义的极大重要性,不承认没有科学和教育就不可能建设社会主义;对外关系中的闭关锁国、夜郎自大;等等"❷,都是封建主义影响在政治思想观念领域的表现。他尖锐地指出,"我们进行了二十八年的新民主主义革命,推翻封建主义的反动统治和封建土地所有制,是成功的,彻底的。但是,肃清思想政治方面的封建主义残余影响这个任务,因为我们对它的重要性估计不足,以后很快转入社会主义革命,所以没有能够完成"❸。他指出应该明确提出继续肃清思想政治文化方面的封建主义残余影响的任务,并在制度上做一系列切实的改革,否则国家和人民还要遭受损失。

(三) 文中还提出了肃清和批判资产阶级思想的问题

他指出:"在思想政治方面肃清封建主义残余影响的同时,决不能丝毫放松和忽视对资产阶级思想和小资产阶级思想的批判,对极端个人主义

---

❶ 《邓小平文选》第 2 卷,人民出版社 1994 年版,第 332 页。
❷ 《邓小平文选》第 2 卷,人民出版社 1994 年版,第 334 页。
❸ 《邓小平文选》第 2 卷,人民出版社 1994 年版,第 335 页。

和无政府主义的批判。"❶ "我国经历百余年的半封建、半殖民地社会,封建主义思想有时也同资本主义思想、殖民地奴化思想互相渗透结合在一起。由于近年国际交往增多,受到外国资产阶级腐朽思想作风、生活方式影响而产生的崇洋媚外的现象,现在已经出现,今后还会增多。这是必须认真解决的一个重大问题。"❷ 他强调"必须把肃清封建主义残余影响的工作,同对于资产阶级损人利己、唯利是图思想和其他腐化思想的批判结合起来"❸。可以看到,邓小平提出对资产阶级思想的肃清和批判,同样是从思想文化角度对政治体制改革进行的思考和分析,同样体现了他政治体制改革思想的文化视角。

纵观全文,邓小平是将肃清封建主义残余的影响,作为推进政治体制改革的重要任务提出的。邓小平深刻指出了制度层面和思想政治文化层面封建主义对党和国家发展的影响和羁绊,并着手尝试予以破解,这是时至今日我们重温邓小平思想时必须看到的一个重要内容。毋庸置疑,封建主义残余在思想文化层面上的影响是建设中国特色社会主义民主政治的巨大障碍,是推进中国特色政治体制改革必须破解的课题。

三、启示与思考

(一)推进政治体制改革,建设中国特色社会主义民主政治,实现国家治理体系和治理能力现代化,必须在高度的思想共识的前提下实现坚定的制度自信与坚定的全面深化改革的有机统一

政治体制改革是一项复杂的社会系统工程,其总方向和总目标是建设有中国特色的社会主义民主政治。我国政治体制改革是在中国共产党领导下的理性的自觉的行为,坚持并优化党的领导而不是取消党的领导,应该在新的历史条件下成为不再争论的共识。正如邓小平在《党和国家领导制度的改革》中指出的,"改革党和国家的领导制度,不是要削弱党的领导,涣散党的纪律,而正是为了坚持和加强党的领导,坚持和加强党的纪律。

---

❶ 《邓小平文选》第 2 卷,人民出版社 1994 年版,第 336 页。
❷ 《邓小平文选》第 2 卷,人民出版社 1994 年版,第 336~337 页。
❸ 《邓小平文选》第 2 卷,人民出版社 1994 年版,第 338 页。

第六章　关于"中国梦与软实力建设"的若干思考

在中国这样的大国，要把几亿人口的思想和力量统一起来建设社会主义，没有一个由具有高度觉悟性、纪律性和自我牺牲精神的党员组成的能够真正代表和团结人民群众的党，没有这样一个党的统一领导，是不可能设想的，那就只会四分五裂，一事无成。这是全国各族人民在长期的奋斗实践中深刻认识到的真理。我们人民的团结，社会的安定，民主的发展，国家的统一，都要靠党的领导。坚持四项基本原则的核心，就是坚持党的领导。问题是党要善于领导；要不断地改善领导，才能加强领导"[1]。

历经30多年的改革与发展，我们不仅探索出了中国特色社会主义道路，形成了中国特色社会主义理论体系，形成了中国特色社会主义制度，而且正在探索和形成适合中国国情的政治治理模式。这是我们今天探讨推进政治体制改革，建设中国特色社会主义民主政治，实现国家治理体系和治理能力现代化的基本前提。因而，改革不是改变我国的基本政治制度，改革不能照搬西方资本主义制度，这同样在今天应该成为不再争论的思想共识。

换言之，当下我们推进的政治体制以及各领域的改革，首先是在高度的制度自信的前提下进行的改革，因为有与道路自信、理论自信相辅相成的制度自信，我们的改革才不会犯颠覆性错误，才既不会走改旗易帜的邪路，也不会走封闭僵化的老路，才能够坚定地走中国特色社会主义道路，不断发展和完善中国特色社会主义制度，因而，坚定的制度自信是我们进一步推进政治体制以及其他各领域改革的基本前提，是必须持有的立场态度，是进一步推进和做好改革事业的必要条件。但是坚定制度自信不等于故步自封、抱残守缺，而是要坚定地以更加锐意进取的精神状态推进政治体制及全面深化改革。众所周知，改革开放以来，我们党以全新的视角思考政治制度、政治体制和国家治理体系问题，强调领导制度、组织制度问题更带有根本性、全局性、稳定性和长期性，开始了持续地改革。改革进行到今天，摆在我们党面前的一项重大历史任务，就是推动中国特色社会主义制度更加成熟更加定型，为党和国家事业发展、为人民幸福安康、为社会和谐稳定、为国家长治久安提供一整套更完备、更稳定、更管用的制度体系。这是一项极为宏大的工程，必须是进一步的全面的系统的深化改

---

[1] 《邓小平文选》第2卷，人民出版社1994年版，第341~342页。

革，必须达成各领域改革和改进的联动和集成，才能在国家治理体系和治理能力现代化上形成总体效应、取得总体效果。党的十八届三中全会提出的完善和发展中国特色社会主义制度、推进国家治理体系和治理能力现代化的全面深化改革的总目标，深刻而鲜明地彰显了这一点，体现了坚定的制度自信和坚定的深化改革的的有机统一。正如习近平所指出的，"没有坚定的制度自信就不可能有全面深化改革的勇气，同样，离开不断改革，制度自信也不可能彻底、不可能久远"❶。我们全面深化改革，是要使中国特色社会主义制度更好更完善；我们坚定制度自信，是要推进锐意进取的改革从而不断革除体制机制弊端，让我们的制度成熟而富有持久的生命力。

邓小平《党和国家领导制度的改革》一文，在立足总结"文革"教训的基础上，对政治体制改革的思考，从一定意义上说，开启了政治体制改革、建设社会主义民主政治和追求国家治理现代化的新征程。然而，要实现国家治理体系和治理能力的现代化，建设社会主义民主政治，制度建设方面还有许多工作需要做。通过政治体制的进一步改革，进一步完善人民代表大会制度、社会主义政治协商制度、基层民主制度方面，还需要进一步探索。无疑，党的十八届四中全会关于全面推进依法治国的决定，是从制度层面推进政治体制改革，实现国家治理现代化的极具意义的新探索。

（二）推进政治体制改革，建设中国特色社会主义民主政治，实现国家治理体系和治理能力现代化，必须以肃清封建主义残余影响为重点，做好中国特色社会主义政治文化的建设和培育工作

推进政治体制改革，建设中国特色社会主义民主政治，推进国家治理体系和治理能力现代化，必须有相配套的文化支撑。特别是政治文化、法治文化、公民素质等内容的培育和建设。因而，要求我们必须做好培育有利于推进政治体制改革，有利于实现国家治理体系和治理能力现代化，与中国特色社会主义民主政治相适应的文化建设工程。

在推进政治体制改革，推进国家治理体系和治理能力现代化，建设中国特色社会主义民主政治的大背景下，当前文化建设和培育的一个重点仍

---

❶ 《走自己的路，坚定制度自信》，《人民日报》，2014年2月21日。

是肃清封建主义残余的影响。中国没有经历过西方那样典型的资本主义社会，中国社会是在经历了 2000 多年的封建专制社会之后，从半封建、半殖民地社会进入社会主义社会的。这样独特的社会历史进程，留给我们的思想文化资源主要是封建专制主义，现代民主法治的思想和传统十分匮乏，因而，我们在政治文化方面必然存在许多封建主义的残余和影响，这决定了中国特色社会主义政治文化建设的首要任务是反对和肃清封建主义影响。新中国成立后，特别是改革开放以来，我们逐步确立了建设中国特色社会主义民主政治的目标，着手进行政治体制改革，但是，时至今日，社会主义政治文化的建设仍然受到封建主义残余思想文化的困扰和影响。群众路线教育实践活动中被列为重点集中清理的"四风"，即官僚主义、形式主义、享乐主义、奢靡之风，无一不体现封建主义残余的影子，无一不是封建主义思想残余的体现。强力反腐过程中揭露出的党和国家政治生态存在的山头主义、圈子文化、封妻荫子、政商勾结、钱权交易等诸多问题，更是体现了封建主义残余思想文化的渗透影响，而且是在新的历史条件下变异、演化、泛滥的结果。它们和社会主义民主法治精神不仅相去甚远，而且背道而驰，更重要的是，它们已经成为构建社会主义民主政治文化，建设社会主义民主政治，实现国家治理现代化的严重阻力和障碍。因而，肃清封建主义残余影响以建设社会主义民主政治文化，仍是当下中国推进政治体制改革，实现国家治理现代化首先必须破解的严峻课题。

我们应该着重从制度建设和思想观念两方面入手肃清封建主义残余的影响，培育中国特色社会主义民主政治文化。一方面，以培育公民民主法治精神和民主法治理念的教育为中心，灌输和培育现代民主法治精神、民主法治信仰和民主法治理念，清除封建主义残余思想文化的影响，建设中国特色社会主义政治文化。我们必须针对民主政治建设中封建主义思想残余影响的方方面面，有破有立地做宣传和培育工作，比如破除封建特权思想，破除党员干部和人民群众对权力的崇拜，而强化宪法和法律的权威，以自由、平等、公正、法治的社会主义核心价值观的全面树立，达到社会主义民主政治文化的养成，使中国特色社会主义的民主政治文化成为当代中国的主流文化，成为全社会的主流价值观和普遍遵循的处事原则及普遍因循的行为习惯，从而在全社会树立起符合中国国情和发展实际的现代民主政治理念。另一方面，以中国特色社会主义民主政治的制度建设为抓手,着力在制度建设层面肃清和根除封建主义的残余影响,建立和完善覆盖民主政治建设全过程的制度体系。党的十八届四中全会尝试着手建立的全面推进依法治国体系建设,"形成完备的法律规范体系、高效的法治实施体系、严密的法治监督体系、有力的法治保障体系,形成完善的党内法规体系"❶,使依法治国、依法执政、依法行政真正共同推进,法治国家、法治政府、法治社会得以一体建设,在确保实现科学立法、严格执法、公正司法、全民守法的基础上,实现依法治国的全面推进和社会主义法治国家的真正建成。通过执政党的依法执政、政府的依法行政、领导干部的严格依法办事的示范效应,让人民群众对法律的遵守和服从变成一种坚定的自觉,成为深入灵魂和骨髓的思维方式和行为习惯。这是在制度建设层面肃清和根除封建主义的残余影响的值得肯定的重要而坚实的一步。

(三)推进政治体制改革,建设中国特色社会主义民主政治,实现国家治理体系和治理能力现代化,必须实现制度改革、制度建设与文化培育、文化建设的共同推进协调发展

制度改革、制度建设和文化培育、文化建设对于推进政治体制改革,建设中国特色社会主义民主政治,实现国家治理体系和治理能力现代化这一宏大工程来说,是一体两翼的关系,它们是互相制约、相互促进、共生共荣、缺一不可的。没有文化培育和文化建设,没有社会主义民主政治需要的现代民主法治理念、民主法治精神等思想观念的建立,制度改革、制度建设不仅难以推进,而且即便有好的制度设置也得不到认同,不会有效地发挥作用;同理,没有社会主义民主政治完整有机的配套制度的完善和执行,民主政治理念、民主法治精神就会流于形式和空谈,就得不到真正的体现,因为制度问题更带有根本性、全局性、稳定性和长期性,制度对人们行为的选择具有重要的示范作用。

(北京市委党校"政治体制改革、政治稳定与治理现代化学术研讨会"《政治体制改革、政治稳定与治理现代化学术研讨会论文集》,中国社会科学出版社2016年版)

---

❶ 《中共中央关于全面推进依法治国若干重大问题的决定》,《求是》,2014年第21期。

群众路线再认识——基于《实践论》《矛盾论》视角的思考

围绕保持党的先进性和纯洁性,在全党深入开展以为民务实清廉为主要内容的党的群众路线教育实践活动,是党的十八大作出的一项重大部署,更是以习近平同志为总书记的党中央贯彻落实党的十八大精神、推进中国特色社会主义事业做出的重要战略部署。值此活动开展之际,对群众路线理论和实践的若干问题进行深入思考,以求在行动上清醒坚定之前,首先达到思想认识上的清醒坚定,是十分必要的。

当前学术界、理论界和宣传思想舆论界对群众路线的解读论述广泛而深刻,笔者进行了深入的研读和思考。研读和思考基础上,认为还有个角度和高度需要去探讨。笔者认为,认识任何问题都有一个角度问题、方法问题,科学的认识问题的方法和角度是马克思主义哲学提供的。群众路线是毛泽东思想的重要内容,是毛泽东思想活的灵魂,正确认识群众路线的角度和方法,无疑应从马克思主义哲学与中国革命和建设实践相结合的毛泽东哲学思想中去寻找。《实践论》和《矛盾论》浓缩了毛泽东哲学思想的主要内容,更为我们提供了认识和改造世界的科学世界观和方法论。正是基于此,本文试图对群众路线做一个基于《实践论》和《矛盾论》视角的思考和再认识。

一、《实践论》奠定和提供了认识党的群众路线的高度和角度

群众路线作为毛泽东思想活的灵魂,是中国共产党在革命、建设和改革的长期实践中创造和发展起来的,被实践证明是正确的行之有效的实现党的思想路线、政治路线、组织路线的根本工作路线,是我们党的领导经验的深刻总结,是我们党的集体智慧的结晶,是我们党的一个优良传统和政治优势。中国共产党十八大通过的党章指出:"党在自己的工作中实行群众路线,一切为了群众,一切依靠群众,从群众中来,到群众中去,把党的正确主张变为群众的自觉行动。"这是对群众路线内容的权威阐述。

依据党的文献对群众路线的论述,目前学术界专家学者以及各种媒体对群众路线的解读,主要集中在三个层面上:其一,是党的性质宗旨层面

上，即"一切为了群众，一切依靠群众"，就是通常讲的"全心全意为人民服务""立党为公，执政为民"；其二，是方法论层面上，即"从群众中来，到群众中去"的思想方法、工作方法和工作路线；其三，是党的作风层面上，通常表述为党群关系的"鱼水""血肉"关系等。从实际来看，人们如果能够从以上三个层面上理解认识党的群众路线，已经是比较全面了。而本次教育实践活动重点就是要集中解决"形式主义、官僚主义、享乐主义和奢靡之风"这"四风"问题，也就决定了许多党员干部对群众路线的理解甚至只是停留在反"四风"的层面。无论是在以上三个层面还是在"反四风"的一个层面上认识党的群众路线，或是全面或是抓住了重点，但是高度都是不够的，对党的群众路线的认识都是不深刻的。

我们需要到毛泽东哲学思想中去研究思考这个问题。在中国革命过程中，毛泽东思想的成熟，最重要的体现在毛泽东哲学思想的成熟，它是以"两论"的问世为标志的。《实践论》无疑是中国革命的认识论，是党的群众路线的理论基础。针对党内的教条主义，毛泽东阐明了在认识和实践的辩证关系中，实践的基础地位和决定作用，指出实践是认识的来源，是认识发展的动力，是检验认识的唯一标准，是认识的目的，在此基础上阐明了"由实践到认识，由认识到实践"的多次反复无限发展的认识辩证运动全过程。把马克思主义认识论转化为党的群众路线，科学地阐明了"从实践到认识，从认识到实践"同"从群众中来，到群众中去"这两个过程是一致的，前者正是后者的理论基础，这是毛泽东哲学思想对马克思主义哲学的独创性贡献。这就是说，党的群众路线的领导方法和工作方法与马克思主义认识论是一致的。人民群众不仅是社会实践的主体，也是认识的主体，从而在此也就在本质意义上，重申和强化了马克思主义哲学唯物史观的群众史观。因而，《实践论》也就为我们奠定和提供了认识群众路线的高度和角度。

归根结底，群众路线的理论基础是马克思主义哲学的认识论和唯物史观。马克思主义哲学唯物史观关于人民群众是历史的创造者的原理，首先是中国共产党群众观点的理论基础。党的群众观点的基本内容包括：相信人民群众自己解放自己的观点，全心全意为人民服务的观点，一切向人民负责的观点，干部的权力是人民赋予的观点，以及虚心向群众学习等观点。正是在党的群众观点的指导下，依据马克思主义哲学辩证唯物主义认识论形成了党的群众路线。因而，我们认识群众路线必须要有马克思主义哲学辩证唯物主义认识论和唯物史观的高度。实际上，无论是唯物史观还是辩证唯物主义的认识论，归根结底解决的都是人们的世界观、人生观、价值观的问题，只有真正树立了马克思主义"人民群众是真正的英雄""历史是人民群众创造的""人类社会的实践归根结底是千百万人民群众的实践"的世界观，才能真正摆正个人和人民群众、领袖和人民群众、执政党和人民群众的关系，才能拥有正确的人生观和价值观，才会在此基础上形成正确的权力观和政绩观，才能自觉践行党的群众路线。因而，我们必须站在马克思主义的世界观、人生观、价值观的高度去认识党的群众路线。关于这一点对于中国共产党来说，无疑是《实践论》以及毛泽东哲学思想奠定的。

二、《矛盾论》提供了认识党的最大政治优势和最大政治危险的科学方法

中国共产党诞生于20世纪20年代，在至今90多年的历程中，从建立之初50多名党员的党，到在全国200多个政党组织中脱颖而出，艰辛奋斗取得了执政地位，执掌全国政权后历经国际国内风云变幻，取得举世公认的成就，靠的是什么？靠的是被人民拥护、被人民选择，也就是说靠的是群众路线这个法宝，靠的是密切联系群众这个最大的政治优势。群众路线之所以有如此巨大的威力，成为党的生命线和根本工作路线，根本就在于我们党通过群众路线，真切地了解并解决了各个历史时期人民群众最关心、最现实的切身利益问题，实现立党为公为民的宗旨，因而最大限度地激发了人民群众的历史主动性和创造性。

在大革命失败后的开辟农村根据地的土地革命战争时期，毛泽东和中国共产党人提出处理好党、红军和人民的关系，要宣传群众、组织群众、武装群众、帮助群众，关心和解决群众的切身利益问题。在艰苦的抗日战争时期，中国共产党牢牢把握和代表了广大人民群众的根本利益愿望，深入敌后的抗战得到了人民群众的极大支持，以自己坚决抗战的作为得到了人民群众的极大的拥护。解放战争，我们是以摧枯拉朽之势，秋风扫落叶一样横扫了蒋介石的800万军队，它的秘密、它的秘诀就在于我们进行了土改，解决农民的民生问题，我们得到了人民群众的支持。人民群众以极

大的热情投入了人民战争，淮海战役结束以后，陈毅曾动情地说，淮海战役的胜利，是人民群众用小车推出来的。邓小平曾经在打完淮海战役以后，自豪地说了这样一段话，他说三年解放战争打胜了，不是靠别的，正是靠长期的群众工作集中了一切力量才实现的。毛泽东在总结中国革命成功经验的时候，特别强调：有无群众观点是我们同国民党的根本区别，共产党的路线，就是人民的路线，对我们共产党与人民群众的这种血肉联系，国民党是学不会的，也是做不到的。"文革"结束时，邓小平带领中国共产党人，深刻洞察了人民群众迫切希望结束动乱、盼望富裕、希望改革的愿望，果断地作出了改革开放的重大战略决策，开启了中华民族追求富强民主文明和谐的社会主义现代化强国的征程，中国因此取得了举世公认的伟大成就。

从上述历史进程中我们得出结论：群众路线蕴含着我们党攻坚克难、克敌制胜的全部秘密。群众路线的问题实际上是一个如何对待、看待人民群众的问题，如何处理党和人民群众的关系问题。历史的事实表明，群众路线是我们党的生命线，是我们党的传家宝，什么时候党的群众路线贯彻执行得好，党群关系密切，我们就拥有最大的政治优势，我们的事业就发展、就前进；什么时候党的群众路线贯彻执行得不好，党群关系受到损害，我们就遭遇最大的政治危险，我们的事业就停滞、就遭受挫折。

然而，我们的认识不能仅仅停留在此，我们需要分析中国共产党为什么能够拥有群众路线，为什么能够贯彻群众路线，为什么就能靠群众路线密切联系群众这个政治优势获得人民拥护，获得了执政合法性。《矛盾论》阐述的唯物辩证法的矛盾分析法为我们提供了正确认识这个问题的科学方法和路径。

（一）毛泽东的《矛盾论》在分析矛盾的普遍性基础上，集中论述了矛盾的特殊性问题，从而阐明了中国革命有自己的独特国情和独特道路，论述了马列主义普遍真理必须和中国实际相结合，阐明了具体问题具体分析的科学方法。以此观点分析群众路线，我们就可以看到，群众路线之所以能够在中国共产党（而不是别的国家的马克思主义政党）的革命过程中形成，而且成为毛泽东思想的活的灵魂，同样是中国国情和中国革命的特殊性决定的。正是中国革命所处的异常艰辛的环境，中国共产党革命过程中遭遇到的内外矛盾的错综复杂，敌人的异常强大，革命过程的漫长，农村包围城市的革命道路的独特而艰苦,使得党的生存和发展一直是一个严峻的问题,为了破解这些难题,需要从根本上思考和谋求解决,这个根本上的解决就是首先正确处理好党和人民群众的关系。中国革命和国情的特殊性是党的群众路线形成的重要前提,也提供给我们今天思考和探讨群众路线的一个视角。

(二)毛泽东在《矛盾论》中揭示和阐述的矛盾分析法告诉我们,虽然内外因在事物发展过程中的地位和作用不同,但任何事物的存在和发展都是内因和外因共同起作用的结果。这无疑为我们提供了认识党的最大政治优势和最大政治危险形成的科学方法。

首先,中国共产党之所以能够拥有群众路线这个法宝,从内因上看,是因为她的马克思主义政党的性质。中国共产党从建党之初就集合了中华民族为国为民的精英,在中国共产党 90 多年的奋斗过程中,无数共产党员流血牺牲,以自己的实践不断地证明了自己为人民谋幸福的宗旨和追求。

中国共产党是按照马克思主义建党原则建立起来的,从一开始就是中国工人阶级、中国人民和中华民族的先锋队,它的唯一宗旨是全心全意为人民服务。毛泽东同志指出:"共产党是为民族、为人民谋利益的政党,它本身决无私利可图。它应该受人民的监督,而决不应该违背人民的意旨。它的党员应该站在民众之中,而决不应该站在民众之上。"❶ 他在中共七大作的《论联合政府》的报告中指出,全心全意地为人民服务,一刻也不脱离群众;一切从人民的利益出发,而不是从个人或小集团的利益出发;向人民负责和向党的领导机关负责的一致性;这些就是我们的出发点。新中国成立以后,邓小平同志曾指出:"同资产阶级的政党相反,工人阶级的政党不是把人民群众当作自己的工具,而是自觉地认定自己是人民群众在特定的历史时期为完成特定的历史任务的一种工具。"❷ 他在党的八大作《关于修改党章》报告中指出,中国共产党之所以成为先进部队,它之所以能够领导人民群众,正因为,而且仅仅因为,它是人民群众的全心全意的服务者。江泽民同志在庆祝中国共产党成立 80 周年大会上的讲话中指出:"全心全意为人民服务,立党为公,执政为民,是我们党同一切

---

❶ 《毛泽东选集》第 3 卷,人民出版社 1991 年版,第 809 页。
❷ 《邓小平文选》第 1 卷,人民出版社 1994 年版,第 217~218 页。

剥削阶级政党的根本区别。"胡锦涛同志则指出，相信谁、依靠谁、为了谁，是否始终站在最广大人民的立场上，是区分唯物史观和唯心史观的分水岭，也是判断马克思主义政党的试金石。习近平同志也指出：党除了工人阶级和最广大人民群众的利益没有自己特殊的利益，党在任何时候都把人民群众的利益放在第一位，全心全意为人民服务。总之，中国共产党的这种性质和宗旨就决定了党的根本的工作路线是群众路线。

党的性质和宗旨是党能够拥有群众路线这个政治优势的内因，也是中国共产党自身主观方面的原因，为了保有这个优势，党需要不断地进行自我教育、自我反省。当然，党能够拥有群众路线这个政治优势还在于，毛泽东等党的领导人带领全党发挥主观能动性，把马列主义普遍真理和中国实际结合，创造性地认识问题解决问题，进行理论创新和实践创新。1981年6月，党的十一届六中全会通过的《关于建国以来党的若干历史问题的决议》，对毛泽东思想作出结论和概括时，指出毛泽东思想活的灵魂有三个基本方面，第一是实事求是，第二是群众路线，第三是独立自主，这三个方面是毛泽东思想里面最有特色和新意的。邓小平同志在谈到要完整准确地理解毛泽东思想时曾说：毛泽东同志倡导的作风，群众路线和实事求是这两条是最根本的东西。

其次，中国共产党之所以能够很好地探索发展贯彻群众路线，从外因上看，与党的处境和生存环境有着极大的关系。外部环境的挑战，生存危机的压迫，竞争对手和敌人的强大，是我们党能够很好地贯彻践行群众路线的外在的也是客观的不能否定的原因。这一点从党成立之初，直至今天，贯穿各个关键的历史时期都可以清晰地看出来。

第一，从群众路线的提出来看，是从党回答实践中遇到的如何生存的棘手问题开始的。中国共产党是在1921年成立的，一大时只有50多名党员，开始做工人运动，之后是农民运动。群众路线问题的提出，则是在土地革命战争时期红军初创的时候。大革命失败以后，1927年毛泽东领导秋收起义部队上了井冈山，创建了中国第一块农村革命根据地。这个时候就提出一个紧迫的问题，我们的党、我们的红军与人民群众是一个什么样的关系，如何处理好这个关系，如果这个问题处理不好，党和红军就无法生存，根据地就无法建设。毛泽东等人是在说明和解决这些问题的过程当中提出和阐发了党的群众路线的思想，这个思想主要体现在1929年12月为红四军的第九次代表大会起草的决议当中,后来被收到了《毛泽东选集》第一卷当中,标题是《关于纠正党内的错误思想》。毛泽东在这个决议里面强调,红军是一个执行革命的政治任务的武装集团,红军绝不是单纯地打仗的,除了打仗消灭敌人军事力量之外,还要负担宣传群众、组织群众、武装群众、帮助群众建立革命政权以至于建立共产党的组织等项重大的任务。他批评了在红四军中一些人存在着的单纯军事观点。这样,为了谁、依靠谁的问题,就这样历史地、不可避免地提出来了,开始初步尝试回答。也因为有了这样的回答,中国共产党开辟的红色根据地发展成为燎原之势,有了轰轰烈烈的土地革命战争,开辟了农村包围城市武装夺取政权的中国革命道路。

第二,群众路线的不断丰富发展,是党在不断面对外部环境和竞争对手的挑战的基础上展开的。民主革命时期,我们党经历了1927年大革命失败的惨痛和第五次反围剿的失败、红军被迫长征的严重挫折,党员的人数急剧减少,面对强大的敌人,我们丝毫不敢怠慢和放松,最终是在人民群众的支持下转危为安的。在之后的抗日战争中,为了抗击日本侵略者,我们必须和人民同呼吸共命运,代表人民的利益愿望,使抗日战争真正成为人民的战争,我们党也在这场人民战争中,在实践中不断地探索和不断地总结的基础上,使得群众路线得以成熟和发展。抗战中的1943年6月,毛泽东为中共中央起草了一个决定,这个决定的名字叫《关于领导方法的若干问题》,在这个决定里面,对党的群众路线作了一个最早的初步的阐述。他说,在我党的一切实际工作中,凡属正确的领导,必须是从群众中来,到群众中去,这就是说要把群众的分散的、无系统的意见集中起来,经过研究,化为集中的、系统的意见,又到群众中去做宣传解释,化为群众的意见,使群众坚持下去,见之以行动,并在群众的行动中去考验这些意见是否正确,然后再从群众中集中起来,再到群众中坚持下去,如此无限的循环,一次比一次更正确,更生动、更丰富。这就是马克思主义的认识论。实际上毛泽东把马克思主义的认识论,用到了我们的群众工作中,变成了从群众中来,到群众中去,再到群众中来,再到群众中去。这个表述,是我们党对群众路线,尤其是对我们党怎么去领导群众工作的方式方法的最早的总结和概括。党在这个时期关于群众路线的内容、精神和思想,主要通过七大党章和刘少奇在党的七大上所作的《关于修改党章的报告》中体现出来。在解放战争中，在和硬实力远远强于我们党的国民党的较量中，我们依靠群众路线这个软实力，深刻地洞察人民群众的利益和愿望所在，充分发动群众，在人民群众的支持下，赢得了解放战争的顺利。正如毛泽东所说的，真正的铜墙铁壁是什么？是群众，是千百万真心实意地拥护革命的群众。这是真正的铜墙铁壁，什么力量也打不破的，完全打不破的。在革命战争中，我们的敌人在武器装备、兵员数量、物资供应等方面都占优势的情况下，却一次次被共产党的军队所打败，主要是因为共产党有群众路线这个法宝。正是在此基础上我们党有了对群众路线的完善和概括。

第三，党每一次面对危机的时刻，都是群众路线受重视、贯彻得好的时期。新中国成立后，我们曾经有过群众路线贯彻的不好的时期。结束"文革"后，面对国家建设千疮百孔，我们党再一次吸取群众智慧，从尊重农民首创精神的农村改革入手，充分调动人民群众积极性，关注人民群众的利益，使党和国家的事业发展走上了健康的道路。在苏东巨变的国际大环境下，我们党深刻吸取苏共严重脱离人民的教训，反思新的历史条件下的执政党的建设，提出始终代表最广大人民利益的"三个代表"重要思想，重申党的"立党为公，执政为民"的宗旨，不断加强和推进党的建设新的伟大工程，以强化党的密切联系群众的最大政治优势，避免严重脱离群众的最大政治危险。正是由于在每一次国际国内环境的危机时刻对群众路线的牢牢把握和坚定贯彻，才有了今天中国共产党的事业的大发展。

基于以上分析，我们可以得出这样的结论：中国共产党能够拥有群众路线，能够贯彻群众路线，能够拥有密切联系群众这个最大的政治优势，是内外因共同起作用的结果。它充分体现了毛泽东在《矛盾论》中揭示的唯物辩证法内外因相互作用的原理，充分体现了唯物辩证法主客观相统一的原则。因而，只要内外因、主客观的力量都存在，群众路线就贯彻执行得好，我们就拥有最大的政治优势；如果在这两个方面的或一方或两方出现问题，则群众路线就贯彻得不好，最大的政治优势就会失去，甚至变成最大的政治危险。

三、认识和结论

我们应该客观地实事求是地看到，在新的历史条件下群众路线遭遇到的困境和阻力。认识新的历史条件下群众路线遭遇的困境和阻力，以及认识新形势下党面临的最大政治危险，仍然需要运用"两论"提供的唯物辩证法的分析方法。

我们应该看到，困境和阻力首先产生于党员干部主观自身，首先是内因方面出现的问题。从思想和认识上看，有相当多的党的领导干部和政府官员，对和平时期的群众路线、群众工作的重要性和必要性认识不足，从而在党和政府的工作中放松了这方面的要求。思想认识上的不足和错位，必然导致思想工作作风上出现问题，形式主义、官僚主义、享乐主义、奢靡之风必然盛行。进而导致面对新形势下群众工作面临的新问题、新特点，一些领导机关、领导干部的群众工作能力欠缺。

我们也要看到，困境和阻力同时来自外部环境的变化，同样产生于外部的力量。这不仅体现在从革命党到执政党的位置和身份的变化，体现在从计划经济时代到市场经济时代历史方位的变迁，体现在现代化进程中的社会转型导致社会环境的变迁，也体现在体制机制不健全不完善。从革命党到执政党的位置和身份的变化，使得生存危机由显性变成隐性，战争年代生存是第一需要，使得联系群众显得十分紧要，现在不仅拥有了政权，而且一定领域党和政府的权力过大，又未受到有效制约监督，致使一些领导干部轻慢、淡忘了党的群众路线，甚至作风粗暴，颠倒和扭曲了自己和人民群众的关系和位置；市场经济时代的群众工作对象和内容的变化，为践行群众路线带来了客观的难度；转型期社会价值以及利益的多元化，使得群众工作环境更加复杂，给党的群众工作带来严重挑战，是群众路线陷入困境的客观的因素；体制机制的匮乏，是群众路线遭遇困境和阻力的重要客观因素。

我们的结论是，一方面，必须不断地通过思想教育来提高党员干部对群众路线的认识。通过思想教育达到树立正确的世界观、人生观、价值观的目的，达到对党的群众路线拥有高度的认知和认同，达到在全党形成良好的强大的贯彻党的群众路线的氛围，这也是开展的党的群众路线教育实践活动的目的。这是提高广大党员领导干部主体自觉的关键，这是立足于党自身的自我净化、自我完善、自我革新、自我提高，这是必要的前提和基础。在此基础上，尽快提高党员干部做好群众工作的能力和素质，增强群众工作本领，是新形势下坚持和贯彻群众路线的迫切要求。如果说思想教育是提高广大党员干部践行群众路线的主体自觉，能力提升就是使广大党员领导干部在自觉践行群众路线时具有应然的能力和素质，它同样是从主体的内因和主观方面着眼的。

另一方面，只有形成制度化的对权力的制约和监督，才能营造出利于贯彻群众路线的外部力量。制度建设是尝试建立党员领导干部践行和贯彻群众路线的强制性的外在的客观力量。在思想教育的基础上，必须制度跟进。因为只有制度带有根本性、全局性、稳定性和长期性，它能够有力地规范我们党员干部的行为，是必须推进的贯彻群众路线的外在的强制性的制约力量。制度建设必须通过改革才能完成，即通过改革推进社会主义民主法治建设。第一，必须将群众路线这一党的根本工作路线与民主政治建设联系起来，找到它们之间的契合点，形成二者的相互促进，这是当前党的建设与社会主义民主建设中一个有着重大理论与现实意义的问题。第二，应该认识到破解群众路线困境和阻力的武器是真正而广泛的民主的推进，必须积极探讨和推进党内民主和人民民主的新形式。第三，加快推进法治国家的建成，真正做到依法治国、依宪治国、依法行政，真正做到把权力关进制度的笼子里，把权力关进法治的笼子里。

（北京市委党校、北京行政学院系统"纪念毛泽东诞辰120周年学术研讨会"优秀论文，主题发言，《北京行政学院学报》2014年增刊，中共中央党校理论网转载）

从唯物史观看习近平关于中国梦的重要论述

习近平同志的系列讲话，无不体现着运用马克思主义哲学的立场、观点、方法认识问题和分析问题的内蕴，特别是唯物史观更成为贯穿习近平系列讲话的灵魂。因而，自觉站在马克思主义哲学唯物史观的高度和角度深刻理解和把握习近平系列讲话精神，就成为必然要求。认识习近平关于中国梦的重要论述，尤其需要运用马克思主义哲学唯物史观的科学方法。

第六章 关于"中国梦与软实力建设"的若干思考

一、从唯物史观看中国梦的提出：合历史发展规律合人民群众意愿的必然选择

习近平同志阐述中国梦以来，学术界、思想界、宣传舆论界对中国梦的提出有着各种解读，诸如：为中华民族未来勾画蓝图，为中华民族当下的奋斗提供理想，为大国崛起提供打通中外的话语体系，等等。这些分析都在不同意义上揭示了中国梦提出的意义，具有真理性价值。但是，如果我们以马克思主义哲学唯物史观的观点去分析，就可以将认识提升到更深的层次。中国梦的提出，不是习近平和新一届中央领导集体的主观臆想与标新立异；中国梦的提出，不仅建立在深刻的对中国社会历史发展潮流趋势和规律的深刻认识基础上，而且建立在对中国最广大人民群众愿望的深刻把握基础上。中国梦的提出，既符合中国社会发展的潮流趋势和规律，又顺应广大人民群众的愿望，是合历史发展规律合人民群众意愿的必然选择。

马克思主义哲学唯物史观认为，人类社会的发展是一个自然历史过程，有其不以人的主观意识为转移的客观规律。马克思曾指出："我的观点是把经济的社会形态的发展理解为一种自然史的过程。"❶ 恩格斯更进一步地指出，虽然社会发展史与自然发展史有一点是根本不同的，即"在自然界中全是没有意识的、盲目的动力，这些动力彼此发生作用，而一般规律就表现在这些动力的相互作用中"❷。"相反，在社会历史领域内进行活动的，是具有意识的、经过思虑或凭激情行动的、追求某种目的的人；任何事情的发生都不是没有自觉的意图、没有预期的目的的。但是，不管这个差别对历史研究，尤其是对各个时代和各个事变的历史研究如何重要，它丝毫不能改变这样一个事实：历史进程是受内在的一般规律支配的。"❸ 这就告诉我们，人的自觉活动和社会发展的客观规律性是辩证统一的，人们自觉地推动社会历史的发展，必须在顺应社会历史发展的规律和总趋势的基础上，也就是说主体的目的性和客体自身的规律性必须合一。

---

❶《马克思恩格斯选集》第2卷，人民出版社1995年版，第101~102页。
❷《马克思恩格斯选集》第4卷，人民出版社1995年版，第247~248页。
❸《马克思恩格斯选集》第4卷，人民出版社1995年版，第248页。

习近平提出并阐述的中国梦，不仅体现了以高度的历史自觉推动历史发展和中国社会进步的担当精神和使命感，而且将这种主体的自觉和担当建立在深刻的对中国社会历史发展潮流、趋势、规律的准确把握之上。自1840年至21世纪中叶，可以看作两个一百年，从1840年至1949年的第一个一百年，是中华民族的百年屈辱、百年沉沦和百年抗争；从1949年至2049年的第二个一百年，是中华民族的百年复兴和百年崛起。中国自1840年之后的近现代史，一方面是西方帝国主义的侵略、掠夺和奴役，一步步陷入半殖民地、殖民地深渊的过程；一方面又是中华民族不屈不挠的抗争、反抗、寻求出路的过程；一方面更是由被现代化的"求强、求富"到主动现代化的改革开放迎接世界潮流的过程。民族的独立和人民的解放，国家的繁荣富强和人民的共同富裕，是摆在中华民族面前的历史任务和高难度课题，是中国近现代所有志士仁人的梦寐以求的理想，更是中国社会历史发展的潮流与历史发展的本质和规律所在。1840年以来中华民族奋斗求索的过程，就是中国梦展开的过程。在中国共产党带领中华民族实现了民族独立和人民解放的梦想基础上，经历30多年改革开放中国正在走向国家富强和人民共同富裕。这是一个不以任何人的主观意志为转移的客观历史进程，是中国社会发展从过去、现在到未来的根本趋势和规律。无疑，习近平中国梦的提出，是对这一中国社会发展本质和趋势的深刻洞察和高度概括，体现了以唯物史观观察分析问题的深邃，将推动中国社会历史进步和中华民族伟大复兴的高度的历史自觉和使命担当，建立在清醒的对中国社会历史发展本质和规律的认识之上。

不仅如此，中国梦的提出还建立在深刻的对中国最广大人民群众根本利益、意愿的洞察把握之上。马克思主义唯物史观认为，任何政党、领袖的主张思想和作为必须顺应人民群众的意愿、代表人民群众的利益，才能有所作为，才能推动历史进步。正如恩格斯指出："如果要去探究那些隐藏在……历史人物的动机背后并且构成历史的真正的最后动力的动力，那么问题涉及的，与其说是个别人物、即使是非常杰出的人物的动机，不如说是使广大群众、使整个整个的民族并且在每一个民族中间又是使整个整个阶级行动起来的动机；而且也不是短暂的爆发和转瞬即逝的火光，而是持久的、引起重大历史变迁的行动。"❶ 中华民族追求伟大复兴的中国梦，无疑是全体中华儿女的意愿和动机，是近代以来中华民族历史上的持久的、引起重大历史变迁的行动。一代代中华儿女、志士仁人不屈不挠的奋斗，才使中华民族终于接近了民族复兴的目标，终于有了今天举世瞩目的成就和大国地位。也正如习近平所说，实现中华民族伟大复兴，就是中华民族近代以来最伟大的梦想。这个梦想，凝聚了几代中国人的夙愿，体现了中华民族和中国人民的整体利益，是每个中华儿女的共同期盼。可见，中国梦的提出，顺乎人民群众心声，反映了人民群众意愿，是合历史发展规律、合人民群众意愿的必然选择。

二、从唯物史观看中国梦的内涵：建立在中国社会历史文化深刻把握之上的科学界定

习近平指出，实现中华民族伟大复兴，就是中华民族近代以来最伟大的梦想。他将实现中华民族伟大复兴的中国梦的核心内涵界定为：国家富强、民族振兴、人民幸福。中国梦的核心内涵的界定，不仅揭示了中国梦包含的深刻内容，而且清楚地告诉世人中国梦的价值取向，更标志出中国梦与他国梦的区别。这个科学界定是建立在对中国社会历史文化的深刻把握之上的。

马克思主义哲学唯物史观认为，有什么样的社会存在，就有什么样的社会意识，社会存在就其根本意义上是决定社会意识的。这就告诉我们，任何思想观念、理论学说都是对一定社会的社会存在及其承继的既定历史文化的反映。正如马克思指出的："人们自己创造自己的历史，但是他们并不是随心所欲地创造，并不是在他们自己选定的条件下创造，而是在直接碰到的、既定的、从过去承继下来的条件下创造。"❷ 唯物史观的观点为我们提供了正确理解中国梦核心内涵的钥匙。

从近代走来的中国的国情与历史决定了，实现中华民族伟大复兴的中国梦的核心内涵必然是国家富强、民族振兴、人民幸福，决定了这三者必然是有机统一的整体，决定了三者的缺一不可，更决定了国家富强、民族

---

❶ 《马克思恩格斯选集》第4卷，人民出版社1995年版，第247~248页。
❷ 《马克思恩格斯选集》第1卷，人民出版社1995年版，第585页。

振兴、人民幸福各自不同的位置与意义。第一，国家富强居于首要的位置。中华民族近代以来饱受屈辱的追赶现代化的历史，决定了没有国家的富强，民族振兴和人民幸福都是空话，也就是说民族振兴与人民幸福必须建立在国家富强的基础上，国家富强是民族振兴与人民幸福的基本前提。在这个意义上，决定了中国梦的追寻必然是从国到家的过程，决定了中国梦首先是一代代中华儿女前赴后继为了国家富强和民族振兴的奋斗和追求，然后才会过渡到国家为个人的梦想实现搭建平台。这也就是习近平指出的："国家好，民族好，大家才会好，实现中华民族伟大复兴是一项光荣而艰巨的事业，需要一代一代的中国人共同为之努力。"❶ 第二，民族振兴是主题。中华民族近代以来饱受苦难地追赶现代化的历史，决定了民族振兴是实现中国梦的永恒主题，不论时代变迁中国梦的具体内容怎样的变化，永远不变的是实现中华民族伟大复兴的主题与使命。第三，人民幸福是归宿。中华民族近代以来饱受苦难地追赶现代化的历史，决定了国家富强、民族振兴的目的、归宿与意义就在于实现人民的幸福，没有人民幸福，国家富强与民族振兴不仅失去了意义和价值，而且失去了根本的动力，人民幸福是中华民族伟大复兴的中国梦的最终价值体现。由此，我们才能理解，与全世界人民追求美好生活梦想相通的中国梦，其独特的民族性及其与他国梦的区别是建立在自身国情、历史文化与发展道路之上的，习近平关于中国梦的内涵界定是深深植根于中国社会历史文化，深深植根于中国近代以来走过的艰辛历程与发展道路的。换言之，正是中国社会历史文化以及中国近代以来走过的艰辛历程与发展道路，决定了国家富强、民族振兴、人民幸福的中国梦的本质内涵。

三、从唯物史观看中国梦的精神支撑：发挥主体能动作用的使命、责任和担当精神

马克思主义唯物史观认为，尽管人类社会的发展和自然界一样，是客观的、物质的、辩证的发展过程，具有不以人的意志为转移的客观规律，但是社会规律与自然规律起作用有着很大的不同，自然规律发生作用不需要有意识有目的的人的活动的参与，而社会规律发生作用必须通过有意识

---

❶ 《习近平在参观〈复兴之路〉展览时的讲话》，《人民日报》，2012 年 11 月 30 日。

有目的的人的自觉活动才能完成，即社会规律的实现需要发挥人的主观能动性才能完成。这就是说仅仅认识了社会发展的趋势和规律，没有主体的主观能动性的发挥，没有人的主观精神支撑下的具有使命感、责任感的作为、实干、担当，社会发展规律是不可能实现的。

建立在对中国社会发展趋势和规律深刻把握基础上的中国梦，同样需要主体精神的支撑，需要发挥主观能动性，需要在奋斗、实干中实现中国梦。正如习近平同志指出的："实现中华民族伟大复兴是一项光荣而艰巨的事业，需要一代一代中国人共同为之努力。空谈误国，实干兴邦。我们这一代共产党人一定要承前启后、继往开来，把我们的党建设好，团结全体中华儿女把我们国家建设好，把我们民族发展好，继续朝着中华民族伟大复兴的目标奋勇前进。"❶ 正是在这个意义上，习近平反复强调使命、责任和担当精神，一方面体现了他基于唯物史观的深刻认知与思考，更体现了他强烈的历史使命感和责任感，体现了他敢于担当的政治勇气与人生抱负。因而，中国梦在符合中国社会发展的潮流和规律，符合全体中华儿女的意愿，揭示未来中国社会历史的根本走向的前提下，中国梦更充分体现了以习近平为总书记的中国共产党人的历史担当和使命追求。

与使命、责任和担当精神紧密相连的是忧患意识。忧患意识实质上就是危机意识、使命意识、责任意识、奋斗意识，这些意识的一个集中体现，就是要勇于担当。应该看到，身处世界第二大经济体的位置，使得我们党内的许多同志，甚至是一些党的领导干部产生了盲目的优越感，缺乏应有的忧患意识；在民众中间更是产生盲目的虚骄情绪和自我膨胀感，丢失了忧患意识。人们更愿意看到、谈论、承认中国发展已经取得的成绩、成就，不愿意看到中国发展还存在的不足、问题和挑战，人们只愿意为中国梦去憧憬、遐想，只愿意谈论实现中国梦国家应该如何富强、自己的生活应该如何富裕幸福，自己有多少愿望应该在中国梦的伟大目标里得以实现，却避而不谈实现中国梦我们需要怎样的努力和奋斗，我们需要担负起什么样的使命和承担起什么样的责任。这正是今天的中国实现中国梦需要首先解决的问题。因为没有忧患意识、没有使命感、责任感和担当精神的民族是走不远的民族；没有忧患意识、没有使命感、责任感和担当精神的

---

❶ 《习近平在参观〈复兴之路〉展览时的讲话》，《人民日报》，2012 年 11 月 30 日。

社会是没有希望的社会；没有忧患意识、没有使命感、责任感和担当精神，我们就无法实现中国梦的宏伟目标。正如习近平同志反复告诫我们的，要始终保持谦虚谨慎、艰苦奋斗的精神，始终保持埋头苦干、锐意进取的状态。唯其如此，中国梦才不会是"黄粱梦"，不会是"南柯梦"，不会是"乌托邦"，而最终成为中国人民面前的美好现实。

四、从唯物史观看中国梦的主体力量：建立在人民群众历史作用之上的中国力量

马克思主义唯物史观认为，人民群众是推动社会历史发展的决定性力量。恩格斯曾指出："无论历史的结局如何，人们总是通过每一个人追求他自己的、自觉预期的目的来创造他们的历史，而这许多按不同方向活动的愿望及其对外部世界的各种各样作用的合力，就是历史。"❶ 在由合力推动的社会历史发展中，杰出人物或领袖对社会历史发展的巨大推动作用，必须建立在顺乎人民群众的呼声、代表人民群众利益愿望和要求，调动起人民群众创造历史的积极性、主动性、创造性的基础上才能实现。这就告诉我们，实现在两个一百年目标基础上的中国梦，必须调动和发挥中国最广大人民群众的力量，人民群众是实现中国梦的最根本的中国力量。

习近平同志的一系列论述，恰恰是建立在对人民群众历史作用的深刻认知基础上的。他指出："中国梦归根结底是人民的梦，必须紧紧依靠人民来实现，必须不断为人民造福。"❷ "实现中国梦必须凝聚中国力量。这就是中国各族人民大团结的力量。中国梦是民族的梦，也是每个中国人的梦。只要我们紧密团结，万众一心，为实现共同梦想而奋斗，实现梦想的力量就无比强大，我们每个人为实现自己梦想的努力就拥有广阔的空间。生活在我们伟大祖国和伟大时代的中国人民，共同享有人生出彩的机会，共同享有梦想成真的机会，共同享有同祖国和时代一起成长与进步的机会。有梦想，有机会，有奋斗，一切美好的东西都能创造出来。全国各族人民一定要牢记使命，心往一处想，劲往一处使，用十三亿人的智慧和力

---

❶ 《马克思恩格斯选集》第 4 卷，人民出版社 1995 年版，第 249 页。
❷ 习近平：《在第十二届全国人民代表大会第一次会议上的讲话》，《人民日报》，2013 年 3 月 18 日。

量汇集起不可战胜的磅礴力量。"❶

正是在这种对历史发展规律和人民群众历史作用的深刻认知基础上，党的十八大之后以习近平为总书记的党中央部署开展了党的群众路线教育实践活动，在对全党的自我教育、自我完善、自我革新、自我提高中，重归党的全心全意为人民服务、立党为公执政为民的宗旨，重拾党的密切联系群众的优良作风。自觉践行党的群众路线是唤起中国广大人民群众成为实现中国梦的强大力量的关键之举，它将以强大的群众基础为实现中国梦奠定坚不可摧的中国力量。

（《哈尔滨市委党校学报》2014年第5期）

肃清封建主义残余影响　培育社会主义法治文化

党的十八届四中全会对全面推进依法治国、建设社会主义法治国家作了全面的安排和部署，明确了建设中国特色社会主义法治体系、建设社会主义法治国家的总目标。实现十八届四中全会提出的目标和任务，一个关键而深厚的支撑是加快培育和建设社会主义法治文化，大力弘扬社会主义法治精神，做到如全会《决定》所指出的，使法律的权威真正源自人民的内心拥护和真诚信仰。笔者认为，培育和建设社会主义法治文化面临着一个重要而艰巨的任务是肃清封建主义残余的影响，这是关系依法治国能否真正实现的关键一环。

一、建设社会主义法治国家需要社会主义法治文化的支撑

自党的十七大以来，我们党对文化重要性的认识发展到了一个根本性的阶段，认识到文化越来越成为民族凝聚力和创造力的重要源泉，越来越成为综合国力竞争的重要因素，在此基础上提出了文化软实力的概念。没

---

❶ 习近平：《在第十二届全国人民代表大会第一次会议上的讲话》，《人民日报》，2013年3月18日。

有文化软实力的支撑，建设富强、民主、文明、和谐的社会主义现代化国家，实现中华民族伟大复兴的中国梦，是根本不可能成功的，这已经成为全党和全国人民的共识。社会主义法治文化是中国特色社会主义文化的重要组成部分。在中国特色社会主义文化建设日益被重视的今天，培育和建设中国特色社会主义法治文化是不应被忽略的内容和课题。

　　法治文化是从一定的政治、经济、文化的历史和现实环境中生长出来，并经过长期社会化过程的积淀而形成的，与法治建设紧密联系的，包括人们的法治信仰、法治意识、法治理念、法治精神、法治思想、法治原则和社会的法治制度、法治实践及人们在法治下的思维方式和生活方式在内的一种文化形态。其中，法治观念、法治理念、法治精神是法治文化的内在核心内容，由法治理念和法治精神制约决定的法律制度以及法治实践是法治文化的载体和外在形式，人们在法治下的思维方式和生活方式则是前述两个方面内容交互作用下的法治文化的活生生的呈现。一国的法治建设程度和一国的法治文化发展程度是互为表里的，法治文化的培育发展程度直接关系到法治建设的发展程度以及它的兴衰成败。

　　社会主义法治文化对于全面推进依法治国、建设社会主义法治国家具有重要的精神支撑作用。依法治国不仅需要完备的法治制度和法治实施体系，而且需要包括制度机制层面和思想观念、社会心理、思维方式层面在内的文化支撑。社会主义法治文化不仅为建设社会主义法治国家提供精神动力，更是现代法治社会建设的基本前提基础，是法治社会不可或缺的精神要素和文化土壤。法治文化一旦形成，就会不断强化和固化人们心中已有的法治信仰、法治价值、法治理念，自觉守法、用法和护法将会成为人们的自觉意识和行为习惯，推进和实现法治将会成为人们的内心信念和目标追求。只有形成与现代法治要求相适应的法治文化观念，才能产生发展出良好的法治环境，才能以现代法治观念去推动法律的执行和发展，从而为法律的实施创造良好的社会条件。

二、肃清封建主义残余影响是社会主义法治文化建设亟待解决的课题

　　法治文化的培育是法治建设极其重要的组成部分，它伴随着一个国家的法治建设历程的成长而发展。新中国成立后到改革开放前，我国的法治

建设深受苏联法律文化的影响，改革开放后，西方发达国家的法治文化则更多更广泛地影响了我国的法学理论和法律实践。在这个过程中，注重借鉴当今世界一切先进法治文明的成果来培育我国的社会主义法治文化的同时，中国传统文化中的法治思想也得到了继承和发展，由此形成了中国当下的法治文化、法治环境。然而，在这样一个理论和实践共同作用的背景下，撇开其他因素不谈，我们可以看到，中国特色社会主义法治文化的形成、构建和发展，受到了封建主义残余的严重困扰和影响，因而，肃清封建主义残余的影响就成为中国特色社会主义法治文化建设亟待解决的难题。

马克思曾指出："人们自己创造自己的历史，但是他们并不是随心所欲地创造，并不是在他们自己选定的条件下创造，而是在直接碰到的、既定的、从过去承继下来的条件下创造。一切已死的先辈们的传统，像梦魇一样纠缠着活人的头脑。"❶ 中国没有经历过西方那样典型的资本主义社会，中国社会是在经历了两千多年的封建专制社会之后，从半封建、半殖民地社会进入社会主义社会的。这样独特的社会历史进程，留给我们的思想文化资源主要是封建专制主义，现代民主法治的思想和传统十分匮乏，因而，我们在法治文化方面必然存在许多封建主义的残余和影响，这决定了中国特色社会主义法治文化建设的首要任务是反对和肃清封建主义影响。"封建主义是以人治和专制为特征的。封建主义的人治和专制理念以君权神授、君临天下、专制独裁、权大于法为核心，强调国家至上、君本位、官本位、义务本位，漠视个人权利及其保护；主张德主刑辅、法律道德化；信奉重刑主义，实行严刑峻法，诸法合一，以刑为本；依靠刑讯逼供，屈打成招，甚至迷信神明裁判。由于封建主义传统根深蒂固，在我国社会主义法治建设的整个进程中，将始终伴随着反对封建主义的人治和专制的历史任务。"❷

新中国成立后，虽然建立了社会主义的经济政治制度，努力着手建设社会主义新文化，但是回顾新中国成立以来60多年的历史，我们仍然可以清晰地看到封建主义的影响不仅仍然存在，甚至在一些方面还很根深蒂

---

❶ 《马克思恩格斯选集》第1卷，人民出版社1995年版，第585页。
❷ 张文显：《论中国特色社会主义法治道路》，《中国法学》，2009年第6期。

固，比如对领袖的迷信和个人崇拜、无视法律程序的群众运动、领导人意志和主张凌驾于宪法和法律之上、特权思想和做法、以权代法、以言废法等等，以至于出现了"文革"十年动乱。邓小平在改革开放之初深刻总结"文革"教训的《党和国家领导制度的改革》一文中，从两个方面反思了封建主义对党和国家的影响，其一是党和国家领导制度方面受到的封建主义的影响，他指出："从党和国家的领导制度、干部制度方面来说，主要的弊端就是官僚主义现象，权力过分集中的现象，家长制现象，干部领导职务终身制现象和形形色色的特权现象。"❶ 指出这些弊端都带有封建主义色彩，"旧中国留给我们的，封建专制传统比较多，民主法制传统很少。解放以后，我们也没有自觉地、系统地建立保障人民民主权利的各项制度，法制很不完备，也很不受重视"❷。其二是思想政治文化方面受到的封建主义影响，比如宗法观念、等级观念、公民权利和义务观念淡薄、官本位、专制主义、任人唯亲、认人唯派等。"我们进行了二十八年的新民主主义革命，推翻封建主义的反动统治和封建土地所有制，是成功的，彻底的。但是，肃清思想政治方面的封建主义残余影响这个任务，因为我们对它的重要性估计不足，以后很快转入社会主义革命，所以没有能够完成。"❸ 他指出应该明确提出继续肃清思想政治文化方面的封建主义残余影响的任务，并在制度上做一系列切实的改革，否则国家和人民还要遭受损失。邓小平深刻指出了制度层面和思想政治文化层面封建主义对党和国家发展的影响和羁绊，并着手尝试予以破解，这是时至今日我们重温邓小平思想时必须看到的一个重要内容。毋庸置疑，封建主义的残余影响是建设中国特色社会主义法治文化全面推进依法治国的巨大障碍，是必须破解的课题。

改革开放以来，在深刻吸取"文革"教训的基础上，中国重新回归法治化轨道，重新开启了依法治国、建设社会主义法治国家的进程，党的十五大确定依法治国基本方略，十八届四中全会确立了全面推进依法治国、建设社会主义法治国家的蓝图和目标，向世人表明了中国在依法治国的轨道上建设社会主义强国、实现中华民族伟大复兴的中国梦的决心和信心。

---

❶ 《邓小平文选》第2卷，人民出版社1994年版，第327页。
❷ 《邓小平文选》第2卷，人民出版社1994年版，第332页。
❸ 《邓小平文选》第2卷，人民出版社1994年版，第335页。

坚实的社会主义法治文化是完成十八届四中全会的目标和任务的关键。然而，时至今日，社会主义法治文化的建设仍然受到封建主义残余思想文化的困扰和影响。群众路线教育实践活动中被列为重点集中清理的"四风"，即官僚主义、形式主义、享乐主义、奢靡之风，无一不体现封建主义残余的影子，无一不是封建主义思想残余的体现。强力反腐过程中揭露出的党和国家政治生态存在的山头主义、圈子文化、封妻荫子、政商勾结、钱权交易等诸多问题，更是体现了封建主义残余思想文化的渗透影响，而且是在新的历史条件下变异演化泛滥的结果。它们和社会主义法治精神不仅相去甚远，而且背道而驰，更重要的是，它们已经成为构建社会主义法治文化，建设社会主义法治国家的阻力和障碍。由此可见，肃清封建主义残余影响以建设社会主义法治文化，仍是当下中国推进法治化进程必须破解的严峻课题。

三、从制度建设和思想观念两方面入手肃清封建主义残余的影响，培育中国特色社会主义法治文化

我们应该从硬约束和软约束两个方面去着手肃清封建主义残余的影响，培育中国特色社会主义法治文化，抓好中国特色社会主义法治文化建设的两手。

一方面，以培育公民法治精神和法治理念的教育为中心，灌输和培育现代法治精神、法治信仰和法治理念，清除封建主义残余思想文化的影响，建设中国特色社会主义法治文化。新中国成立至今，我国的法治建设已经走过几十年的历程，中国特色社会主义法律体系已经形成，社会生活的各方面总体上已经做到了"有法可依"。但是，在现实生活中，权大于法、领导大于法、领导干预司法的现象普遍存在，有法不依、执法不严、违法不究、司法不公的现象还比较突出。造成这些现象的原因有很多，其中很重要的一条就是，法治理念和法治信仰在我们这个社会还没有真正普遍地、牢固地树立起来。尽管我们也进行了许多普法的宣传教育，但基本没有抓住根本和灵魂。我们必须针对法治和法治文化建设中封建主义思想残余影响的方方面面，有破有立地做宣传和培育工作，比如破除封建特权思想，破除党员干部和人民群众对权力的崇拜，而强化宪法和法律的权威，以自由、平等、公正、法治的社会主义核心价值观的全面树立，达到

社会主义法治文化的养成,使中国特色社会主义的法治文化成为当代中国的主流文化,成为全社会的主流价值观和普遍遵循的处事原则及普遍因循的行为习惯,从而在全社会树立起符合中国国情和发展实际的现代法治理念。

另一方面,以中国特色社会主义法治制度建设为抓手,着力在制度建设层面肃清和根除封建主义的残余影响,建立和完善覆盖法治建设全过程的制度体系。正如四中全会决定指出的,"形成完备的法律规范体系、高效的法治实施体系、严密的法治监督体系、有力的法治保障体系,形成完善的党内法规体系"❶,使依法治国、依法执政、依法行政真正共同推进,法治国家、法治政府、法治社会得以一体建设,在确保实现科学立法、严格执法、公正司法、全民守法的基础上,实现依法治国的全面推进和社会主义法治国家的真正建成。通过执政党的依法执政、政府的依法行政、领导干部的严格依法办事的示范效应,让人民群众对法律的遵守和服从变成一种坚定的自觉,成为深入灵魂和骨髓的思维方式和行为习惯。

作为制度建设的硬约束和作为思想观念建设的软约束在肃清封建主义残余影响,培育社会主义法治文化的过程中,是互相制约、相互促进、共生共荣、缺一不可的。没有社会主义法治需要的现代法治理念、法治精神、法治信仰等思想观念的建立,再好的法律条文和法治制度也得不到认同,不会被遵守和执行;同理,没有社会主义法治完整有机的配套制度的完善和执行,确保守法者获益且被尊崇,法治理念、法治精神、法治信仰就会流于形式和空谈,因为制度问题更带有根本性、全局性、稳定性和长期性,制度对人们行为的选择具有重要的示范作用,正如邓小平同志指出的"制度好可以使坏人无法任意横行,制度不好可以使好人无法充分做好事,甚至会走向反面"❷。值得肯定的是,十八届四中全会在上述两个方面,都表现出了清醒的意识和高度的自觉,并且作出了创新性的贡献。

(北京市党校系统"十八届四中全会精神理论研讨会"
论文,《北京行政学院学报》2015 年增刊)

---

❶ 《中共中央关于全面推进依法治国若干重大问题的决定》,《求是》,2014 年第 21 期。
❷ 《邓小平文选》第 2 卷,人民出版社 1994 年版,第 333 页。

二、意识形态与软实力

非公有制经济领域意识形态现状及对策建议

非公有制经济领域意识形态工作是中国共产党意识形态工作不可或缺的重要组成部分,在党的意识形态工作中的地位作用日益凸显。党的十八届三中全会通过的《中共中央关于全面深化改革若干重大问题的决定》指出:"公有制经济和非公有制经济都是社会主义市场经济的重要组成部分,都是我国经济发展的重要基础。"❶ 因而,加强和改进非公经济领域意识形态工作,是深化改革中发展好非公有制经济的重要一环,不仅关系着非公经济的持续健康发展,而且关系着广大非公经济人士的健康成长,在我国经济社会转型期具有极其重要的紧迫性和必要性。从统战工作的意义上看,非公经济领域意识形态工作更是密切关系着巩固党执政的思想基础、群众基础和社会基础的大问题。

本课题以非公经济领域的企业家为调研对象,包括民营企业的出资人和职业经理人(本文统称为非公经济人士)。课题的展开以北京市昌平区工商联会员企业和北京市中关村科技园区入驻企业为主线和龙头,在此基础上,还选取了外省在京的商会如北京浦城企业商会和外省在京企业家为主的党组织如重庆开县红岩(北京)流动党委进行调研。调研采取三种形式:对不同类型的重点企业家进行面对面的访谈,共访谈 38 位企业家;小型座谈会 6 次;问卷调查,问卷调查一般是在访谈和座谈会的基础上完成,以保证问卷的真实性和有效性,调研共发放问卷 300 余份,收回问卷 269 份,其中有效问卷 189 份。此外,还调研了工商联组织企业家的相关活动,调研了在京企业商会的活动,调研了在京流动党组织的活动。

在以上调研的基础上,本文围绕政治认同这个核心,以党的十八大以来习近平治国理政新思想新战略在非公经济领域的理解度、认同度为视角和切入点,尝试以微观和局部去透视和把握全局,分析非公经济领域意识

---

❶ 《中共中央关于全面深化改革若干重大问题的决定》,人民出版社 2013 年版。

形态的总体状况和基本态势呈现的特点，剖析其成因，探讨加强和改进非公经济领域意识形态工作的对策和路径。

一、非公有制经济领域意识形态状况

从调研掌握的整体和全局来看，非公经济领域意识形态呈现出总体良性、积极、健康的主流状况与态势。与此同时，非公经济领域意识形态于整体稳定中孕育着变化；非公经济人士的思想认识于清晰明确中包含着混乱与模糊。调研显示，非公经济人士总体心态积极、富于进取精神和主动的学习热情，观察和分析问题比较理性，这使得他们中的大多数即便有思想困惑或认知问题也不会走极端。概言之，非公经济领域意识形态状况总体积极健康，但同时存在着令人担忧的倾向和问题。

（一）非公经济人士对中国特色社会主义道路认同度较高，但也存在着认识上的偏差和混乱

调研首先考察了非公经济人士对中国特色社会主义道路的认同度，在回答"您认为中国实现民族复兴应该走的正确道路"的选项中，有约79%的受访者选择"走中国特色社会主义道路"，有约8%的受访者选择"走西方资本主义道路"或"北欧民主社会主义道路"。在"您是否认同将中国特色社会主义作为全国各族人民的共同理想，中国发展方向是社会主义"的选项中，有77%的受访者选择"赞同"，有约8%的受访者选择"赞同中国特色而非社会主义"，有约8%的受访者选择"中国发展方向是西方资本主义"。可以看出，非公经济人士对中国特色社会主义道路有着较高的认同的同时，也存在着认识上的混乱和错误。在回答"您认为中国改革开放30多年取得成就的原因是什么"（多选）的选项中，更有约15%的受访者选择"实质上走了一条资本主义道路"。部分受访者认为中国特色社会主义道路实质上就是走了一条资本主义道路，认为这是中国取得成就的原因所在。这种状况深刻地说明，虽然非公经济人士整体上对中国特色社会主义道路有着较高的认同，但这个问题上的认识混乱仍然很严重，将改革开放的伟大成就成功地转化为非公经济人士对中国特色社会主义道路的正确认知和认同，是非公经济领域意识形态工作必须面对的严峻课题。

（二）非公经济人士对中国共产党的领导认同度较高，但在其对未来中国的思想引领的认识上存在着模糊和混乱

调研显示，非公经济人士对中国共产党的领导有着较高的认同，在回答"您对中国在中国共产党领导下最终实现民族复兴国家崛起的认识"选项中，有约89%的受访者选择"充满信心"。访谈进一步了解到，许多非公经济人士从自身创业发展的经历出发，对特别是改革开放以来中国共产党的作为表示肯定和赞许，认为中华民族伟大复兴必须在中国共产党的正确领导下才能实现，这充分说明中国共产党的领导地位是广大非公经济人士真心拥护的，这也构成了非公经济领域意识形态的主流声音之一。

但是，调研同样显示，非公经济人士对党的指导思想对未来中国发展的思想引领作用的认识上存在着模糊和混乱。在回答"您认为哪种思想更适合引领中国未来发展"的选项中，约40%的受访者选择"以儒家为代表的传统文化"，28%选择"中国化的马克思主义"，约15%选择"西方思想文化"。访谈中这种情况得到进一步印证，中国共产党的指导思想即"中国化的马克思主义"引领中国未来发展不仅未取得明显认同优势，而且"以儒家为代表的传统文化"和"西方思想文化"都有较大范围的支持度。显示出非公经济人士整体上对中国共产党的领导有着较高的认同的同时，在中国共产党领导实现复兴的思想引领等关键思想认识上还存在模糊，形成共识和认同还需要做很多工作。无疑这也构成了非公经济领域意识形态内含的一个潜在矛盾，构成了非公经济领域意识形态的一个基本态势，更是非公经济领域意识形态工作必须破解的课题。

（三）非公经济人士精神信仰整体理性健康，同时存在着多元混杂的局面

作为考察意识形态状况的必备要素，调研还关注了非公经济人士的精神信仰。在回答"您的信仰是什么"的选项中，各有34%的人选择信仰马克思主义和信仰中华传统文化；11%选择信仰宗教（佛教、基督教、伊斯兰教）；11%选择信仰其他（如做个好人、法治等）。可见，在与其他因素相比较中，信仰马克思主义虽占较大比重，但并未占据主导优势，其他因素对其分离作用明显。其中有受访者承认自己的信仰是多元的，如既信仰

宗教又信仰马克思主义和中国传统文化。多信仰或无信仰在身为中国共产党党员的企业家身上亦有存在和不同表现。这种状况在访谈中得到进一步的印证。非公经济人士对精神信仰的需求正处于持续地增长过程中，在整体上表现出健康理性不迷狂的状态，但也显现出多元混杂的局面。这种状况构成了当下非公经济领域意识形态的一个基本态势，因而，对之加以正确地引导并使之树立与主流意识形态相协调的精神信仰是当下需要面对的课题。

（四）非公经济人士对党的十八大以来习近平治国理政的思想战略有较高的认同和共识，但也存在着功利主义态度和实用主义倾向

调研显示，非公经济人士对党的十八大以来习近平治国理政的思想战略及其实施有着很高的支持度认可度。在回答"您对十八大以来中国共产党的自身建设特别是强力反腐的认识"选项中，约26%的受访者选择"很满意"，约72%的受访者选择"满意但还需继续努力"。在回答"您对十八大以来习近平治国理政思想战略认可哪些内容"（多选）选项时，约74%的受访者选择"全面依法治国"，其次是"中国梦"（43%）。访谈中非公经济人士对十八大以来习近平治国理政思想战略给予了高度评价，重点肯定了"中国梦""强力反腐""全面依法治国"和"简政放权"，认为中国梦反映了全中国人民期盼中国崛起的心声，强力反腐利于国家的长远发展，利于非公经济的健康发展，而全面依法治国则代表了中国发展的大方向，是民营企业家期盼已久的，简政放权虽然在基层还需要进一步落实，但从中央政府的层面让企业家们看到健康良性的市场经济的前景，因而深受非公经济人士欢迎和认可。由此可见，对十八大以来习近平治国理政的思想战略拥有高度的政治认同和思想共识，是当前非公经济领域意识形态的主导声音和主流态势。

但是，应该看到，在这个主导声音和主流态势下，多年形成的非公经济人士中对党的方针政策的功利主义态度和实用主义倾向并未消除。访谈发现，一些非公经济人士表现出的对党的方针政策的兴趣与需求，还停留在为我所用的功利主义和实用主义程度上，远未上升到政治认同和思想共识的层面，这不仅导致了他们在思想和精神层面转而向着其他方向如宗教或传统文化探寻发展，而且也对非公经济领域主流意识形态的建设形成

障碍。

（五）非公经济人士对自身和社会的精神层面有较高的关注度和需求，但对社会主义核心价值体系及核心价值观存在模糊认识

调研显示，非公经济人士对自身和社会的精神层面都表现出较高的需求和关注度。在回答"您认为企业家是否应该具有某种思想或信仰引领企业发展"选项中，约70%的受访者选择"很需要"。在回答"您认为我国当前在思想文化精神信仰等软实力方面存在的问题与经济军事等硬实力方面存在的问题比较哪个更严重"的选项中，约64%的受访者认为是"软实力方面更严重"。访谈中，非公经济人士对当下中国社会发展存在的精神层面问题如"信仰危机""价值错位""道德滑坡"等表示了极大的关注。这些情况都从不同方面表明了非公经济人士精神需求的增长，这是把握非公经济领域意识形态状况时必须关注的一个基本态势，如何满足这种精神需求的增长正是做好非公经济领域意识形态工作需要思考的课题。

同时，这一态势又是与对社会主义核心价值观的模糊认识相伴随的。在回答"您认可哪些内容应该成为社会主义核心价值观的组成部分"（多选）的选项中，只有16%的受访者将社会主义核心价值观的国家、社会、个人三个层面的内容选对。许多受访者是将社会主义核心价值观与儒家文化的仁义礼智信、西方国家的价值观混淆的。在受访者中能将社会主义核心价值体系的内容全选对的只有5%，许多受访者将传统文化的价值体系、宗教的价值体系以及西方文化的价值体系一并作为社会主义核心价值体系的内容。这种情况说明，在非公经济人士精神需求增长的同时，正确清晰的精神价值还远未树立，解决好非公经济人士对社会主义核心价值观的正确认知，并以社会主义核心价值观引领非公经济人士的思想精神是非公经济领域意识形态工作必须面对的课题。

（六）非公经济人士整体对社会和国家有着较强的责任感，但以年轻一代为典型出现了对党的主流意识形态疏离倾向

调研显示，非公经济人士对国家和社会有着较强的责任意识。在回答"您认为实现中华民族伟大复兴的中国梦和企业家的关系"的选项中，约32%的受访者选择"密切相关"，约68%的受访者选择"密切相关且建立在企业家的奋斗基础上"。在这种责任意识的主导下，非公经济人士对自己的社会角色有较清晰的认知并且愿意发挥自己应有的作用，在回答"您认为政府是否应该进一步发挥民营企业家作用"选项中，约66%的受访者选择"以经济作用为龙头全方位发挥企业家作用"。非公经济人士这种责任意识还体现在对企业诚信的认同上，在回答"您认为企业家的哪个方面的素质对企业发展最重要"时，约64%的受访者将"诚信"列选项第一。非公经济人士的责任意识还体现为比较强烈的在组织愿望，本次调研的非公经济人士中，约28%的人担任了工商联执委、副主席等，约19%的受访者是区以上政协委员，约36%的受访者参加了商会、流动党组织、青联或行业协会等组织，约8%的受访者是区以上中国共产党党代表，在他们之间有的身份是双重或多重的。非公经济人士表现出的强烈的在组织愿望和参政议政的愿望，体现了这个群体对国家发展的责任意识，这是当下非公经济领域意识形态呈现出的整体态势之一。

与此同时，与之相伴随的是，非公经济人士群体中存在着对党的主流意识形态的疏离倾向，调研发现其主要走向有三：一是中国传统文化方向，主要以本土企业家的年轻一代为主，老一代企业家中也存在这个趋势，或缘于精神寻根，或因为成长环境中主流意识形态的泛化和空洞化，或因为传统文化热潮。二是西方思想文化方向，主要是以"70后"和"80后"一代或二代海归企业家为主，也包括少数"60后"的高学历企业家和本土年轻企业家，或因学习西方的先进技术和管理，或因留学海外深度接触了西方文化，或因接触到腐败等社会问题。三是宗教方向，或因本民族宗教信仰传承如回族伊斯兰教，或因地域家乡信仰传统如闽南籍企业家对妈祖文化的崇拜、温州籍企业家对佛教和基督教的崇拜，或因宗教如佛教、基督教近年来的迅速传播而走向对宗教的认同和亲近，它们一般都带着地域或家族传承的特征。应该指出的是，在上述三个方向的老一辈企业家身上，对中国共产党及主流意识形态同样有认同和亲近的成分，确切地说，这种认同和亲近是他们思想精神的底色，但在年轻一代身上这种思想精神底色则较为匮乏。上述三个方向的疏离是非公经济领域意识形态工作需要注意的倾向和必须面对的课题。

对党的主流意识形态的疏离倾向与对社会和国家较强的责任感，构成了非公经济领域意识形态具有内在张力的一对隐性矛盾，是值得关注和深思的当下非公经济领域意识形态的一个潜在态势。化解疏离倾向，增强非公经济人士对主流意识形态的认同，才能更好地发挥非公经济人士的责任意识，这也是非公经济领域意识形态工作必须解决的问题。

二、原因分析

（一）中国特色社会主义事业的发展与面对的挑战问题并存

改革开放 30 多年来，中国特色社会主义事业取得了长足的发展，与此同时，国际上苏东剧变后，世界社会主义处于长期低迷，这是中国特色社会主义事业发展中一直面对的外部环境的挑战，这种状况使得非公经济人士对中国共产党、中国特色社会主义和马克思主义的信任、信心、信仰产生矛盾的状态。同时，在改革开放中国与国际接轨的过程中，思想意识形态处于开放的空间环境下，面对着外部思想意识形态和价值观的竞争与挑战。中国特色社会主义事业的发展与世界社会主义低谷并存是导致非公经济领域意识形态状况特点的客观前提基础。

30 多年的改革开放，中国特色社会主义事业取得长足发展的同时，内部也面对着诸多问题与挑战，表现为我国在经济社会快速发展的同时，也进入了社会转型期和矛盾凸显期。一方面是中国共产党领导改革开放取得了举世瞩目的成就，另一方面是进入社会转型期各种尖锐的社会矛盾丛生，这种状况使得非公经济人士的思想认识和精神信仰必然出现困惑、矛盾和混乱，在正向认知的同时伴随着模糊和错误的思想认识。调研发现，对非公经济人士思想精神信仰造成问题和混乱的首要原因是腐败和既得利益集团的存在。改革开放带来的中国特色社会主义事业的显著成就与腐败等深层次社会矛盾问题并存，是非公经济领域意识形态状况特点的一个内在的基础性原因。

（二）经济发展的高歌猛进与意识形态工作一定程度的弱化并存

30 多年的改革开放，与经济的快速发展相伴随的是实践中不同程度地存在着对意识形态工作重视不够或顾及不到的状况。一定程度上存在着重经济发展、轻宣传思想文化教育，重领导社会主义市场经济能力的提高、轻思想意识形态建设的现象，这种状况在中国共产党的十八大之后，党中央虽试图着力加以改变，但在层层贯彻落实过程中还未见显著成效和突破性进展，意识形态工作未能满足包括非公经济人士在内的广大群众的需要，已经做的工作存在着重形式轻内容、重声势轻效果、只重过场不负责任的形式主义和表面化的现象，致使党的理论创新不断推进的同时，政治认同和思想共识没有能做到及时有效地跟进。

（三）党的思想理论与时俱进地创新与宣传思想理论领域不同程度的混乱犹疑并存

在推进中国特色社会主义事业的过程中，为了破解实践中的问题，中国共产党的思想理论不断与时俱进地创新，与此同时，宣传思想理论界却存在着不同程度的混乱犹疑，表现在真学真懂真信在宣传思想理论界的有些专家学者中没能首先解决好；在重大历史节点上、重要的社会热点事件中回应人们的思想交锋不够，澄清人们的疑问和不解不力；深层次上，在伴随大国崛起持续升温的文化寻根热潮中没能及时地说明中华传统文化与中国现代化的关系，没能说明中华传统文化、西方思想文化与马克思主义在中国实现现代化与民族崛起过程中的位置和关系。理论创新不断推进过程中，理论武装未能及时有效地跟进，正是非公经济领域意识形态状况特点的原因所在。

（四）主流意识形态在传统媒体与互联网等新媒体作用强弱不均衡并存

主流意识形态在传统媒体呈现的是比较强势的状态，有效地宣传了党的思想理论政策主张。但在互联网等新媒体领域，主流意识形态是比较弱势的，更确切地说是主流意识形态与非主流意识形态处于胶着混战的局面，互联网等新媒体的特点使其呈现众声喧哗的状态，主流意识形态的主导性优势及对思想意识形态的引领作用还未能在新媒体领域有效地、鲜明地发挥出来。同时，传统媒体也存在不同程度的舆论导向或模糊或偏差或缺位现象；网络上大量与马克思主义和党的创新理论相悖的主张和观点；在党的意识形态阵地上甚至出现"唱着别人的戏、念着不相干的经"的现象。这些情况都会折射到非公经济领域意识形态状况中来。

（五）非公经济快速发展、非公经济人士作为改革开放政策受益者与非公经济人士身份长期的边缘化致使其对自身生存发展处境长期忧患并存

30多年的改革开放，对非公经济及非公经济人士的认识经历了一个逐步清晰、全面和正确定位的过程。尽管非公经济不断蓬勃发展，但非公经济和非公经济人士在相当长的时间里，政治上是处于边缘化的位置，这种位置也造成了这个群体对执政党及其意识形态在心理、思想上的疏离。就全社会来说，非公经济人士这个群体，是处于体制外的，其相当长的时期是无组织或自组织的状态，这个状况也造成了党的意识形态工作在非公经济领域的薄弱或空虚。非公经济快速发展与非公经济人士身份长期的边缘化并存，成为非公经济领域意识形态状况特点的内涵式的原因。

非公经济人士是党的改革开放政策的受益者，这在调研中获得了非公经济人士的广泛认同。在"您认为过去30多年的改革发展是否代表了您的利益"的选项中，约26%的受访者选择"代表"，约74%选择"一定程度上代表"。然而，对非公经济政治上的一度定性不清，实践中一定时期的"国进民退"，导致非公经济人士对国家政策和自身生存发展处境的忧虑，加之企业发展中不断面对的市场竞争和宏观经济环境变化带来的挑战和问题需要破解，这种处境容易淡化其作为政策受益者的感受，使其对政治共识和思想认同产生障碍。可见，非公经济人士作为改革开放政策的受益者与自身对生存发展处境长期忧患并存，已经成为构成非公经济领域意识形态状况特点的不容忽视的原因。

（六）非公经济领域意识形态工作持续推进与主流意识形态未形成主导性牵引优势并存

经过多年的探索，非公经济领域意识形态工作初步的格局已经形成，政协、统战、工商联等部门创造性地开展了大量的工作，构建起了与广大非公经济人士密切联系的纽带和富有感召力的情感与思想的沟通平台，这些工作平台和网络的建立，为进一步做好非公经济领域意识形态工作奠定了良好的前提基础。但是，总体上来看，非公经济领域的思想意识形态还处于自然生长的放任阶段，非公经济人士更多的是受个体成长地域、环

境、经历、家庭和所受教育等自身因素影响,形成当下个体的精神信仰、价值观和思想认知。非公经济领域的思想意识形态虽有一定引导,总体上主流意识形态还未形成主导性的牵引优势。相关组织和部门对非公经济人士的思想引导,广度拓展不够,在纵深性、持久性、常规化和走进内心方面均未破题。工作在关心、引导和服务企业发展方面做得很多很出色,但对非公经济人士思想精神引领有顾忌、不够大胆,面对非公经济人士关注的社会热点问题回应和鲜明的亮剑均不够,未能满足非公经济人士思想精神方面的需求。已经开展的工作如理想信念教育,纵深性、持续性及与其他工作的融合性、黏合性均不够,未能形成持久的影响。同时,各级相关部门如何加强对各种非公企业商会的工作和思想引领,有很大的探索空间,仅以北京市为例,大量来自祖国各地的企业家,成立了各种商会组织,作为企业所在地的相关部门对这些企业商会的引领尚需破题。

三、对策建议

中国共产党的作为是做好非公经济领域意识形态工作的前提基础,是赢得非公经济人士政治认同和思想共识的关键。因而,坚定地贯彻和推进"四个全面"战略布局,以实际行动做党的路线方针政策的宣传者、实践者,是做好非公经济领域意识形态工作的根本前提基础。立足于非公经济领域意识形态工作本身,本文提出以下建议。

(一)抓住难得的历史机遇期:非公经济领域意识形态工作处于前所未有的历史机遇期

调研告诉我们,非公经济领域意识形态工作处于前所未有的历史机遇期。这里所说的历史机遇期主要是指两个方面:其一,党的十八大以来以习近平为总书记的党中央治国理政深得广大非公经济人士的好评和认可,非公经济人士对中国共产党及其理论路线方针政策的认同和共识达到了改革开放以来空前的程度,这无疑为做好非公经济领域意识形态工作提供了难能可贵的历史机遇;其二,伴随着改革开放,非公经济取得了空前的发展,老一辈企业家历经拼搏后对精神家园的需求与日俱增,成长于国家崛起、企业兴旺或二者兼而有之条件下的年轻一辈,精神需求是与生俱来的,非公经济人士的精神需要为非公经济领域意识形态工作的开展同样提供了难得的契机。基于上述两个判断，可以认为，非公经济领域意识形态工作处于前所未有的历史机遇期，做好非公经济领域意识形态工作正逢其时。

（二）围绕一个中心和主题：非公经济领域意识形态工作必须以习近平治国理政新思想新战略的学习宣传教育为中心和主题，营造更高水平的思想共识和政治认同

非公经济领域的意识形态工作必须紧紧抓住中心和实质，选择好契机，才能取得更好的成效。当前非公经济领域意识形态工作的核心和实质无疑是营造非公经济人士对习近平治国理政思想战略高度的政治认同和思想共识，这是当前非公经济领域意识形态工作的关键，抓住这个核心问题，才能形成对非公经济人士思想意识的真正的牵引和引领，才能为意识形态其他问题的解决奠定前提基础，从而在认同和共识形成的基础上解决好其他思想意识形态问题。为此，必须在各个相关部门对非公经济人士的培训、宣传、教育中贯彻习近平治国理政思想战略这个主题。必须实现教育培训的全员覆盖。必须精选对习近平治国理政思想战略理解深刻有政治高度的师资。也可以通过各种协会组织开展主题研讨沙龙，但要在其中贯穿思想引领。在相关部门组织非公经济人士的各项活动、各类培训中，都要渗透贯彻这个主题。

（三）更新理念提升担当精神：非公经济领域意识形态工作必须在更新理念提升认识的前提下落实主体责任提升担当精神

非公经济领域意识形态工作是统战工作的基础性战略性工作，必须给予高度重视。非公经济领域意识形态工作作为意识形态工作整体中的不可分割的内容，是意识形态工作总链条中不可或缺的重要一环，其重要性，不仅体现在物质层面，即通过推动非公经济的健康发展而促进经济社会发展，而且体现在精神层面，即通过关注人的精神状态，建设人的精神家园而促进人的全面发展，提升整个社会的文明程度。物质和精神两个层面在当下中国都极具挑战性和意义。伴随着非公经济30多年的发展，非公经济人士对精神家园的需求与日俱增，凸显了精神关照的重要性，凸显了对非公经济人士思想精神引领的必要性。为此，必须破解相关部门理念陈旧、

认识滞后的状况，全面提升相关部门对非公经济领域意识形态工作重要性、必要性认识，做到理念更新认识到位。

在此基础上，必须明确非公经济领域意识形态工作相关部门的主体责任，并且认真抓好落实。❶ 非公经济领域意识形态工作必须真正做到"勇于担当"和"善于作为"。所有与非公经济人士相关的工作部门都要在工作任务中明确意识形态工作这个内容，使之成为工作考核的重要方面，形成统战部门、工商联、组织部门、民主党派、社会主义学院贯彻意识形态工作同一主题和主线的各司其职、密切配合、齐抓共管的局面。面对主流意识形态的引领力度不够，引领作用发挥不畅，各部门必须担当起对非公经济领域意识形态的引领责任，做到对热点问题和社会热点现象，不回避，不退缩，敢于亮剑，善于发声。❷

（四）创新方法拓展渠道延伸载体：积极构建非公经济领域意识形态工作新格局

非公经济领域意识形态工作必须要有与时代同步的与时俱进的思路和视野，应该在反思宗教组织在当下中国扩张中去反思探寻党在非公经济领域意识形态工作的格局、方式方法、忠诚度和责任感。首先，积极引导非公经济领域意识形态工作向广度、深度、持久性、亲和性拓展。在广度上必须努力实现覆盖全体非公经济组织及全体非公经济人士，在深度上必须使意识形态工作真正触及非公经济人士的心灵和思想，在持久性上必须打破运动式的思想教育模式，在亲和性上必须使思想教育即意识形态工作摒弃死板说教而真正进入非公经济人士的内心，进而使意识形态工作具有黏合性，从而真正发挥对非公经济人士的思想引领作用。做到在提升对党的意识形态工作高度的责任感和忠诚度的前提下，积极主动创造性地创新工作的方式方法。

其次，非公经济领域意识形态工作还必须拓展渠道提升覆盖面，为此必须充分发挥非公企业党组织、企业（驻京）商会和（在京）流动党委的渠道和平台作用。以调研采集的样本来看，重庆开县红岩（北京）流动党委是以

---

❶ 李鸿忠：《切实肩负起意识形态工作的主体责任》，《求是》，2015年第8期。
❷ 田心铭：《略论意识形态工作的几个问题》，《马克思主义研究》，2013年第11期。

在京民营企业家为主体成立的党组织,该党组织的活动开展得有声有色,上级党组织的精神不仅得到及时有效地传达落实,而且以党组织为载体有效地向企业家们传递了党的声音,对于非公经济领域意识形态工作的开展是一个值得借鉴和推广的尝试。北京浦城企业商会则提供了另一种样本和模式,该商会力求发展目标实现"商会+支部"的工作模式,通过发挥党组织的政治核心作用和党员先锋模范作用,增强党对商会的政策引导,在促进非公经济健康发展的同时,促进非公经济人士思想精神的健康成长,这种商会工作和党建工作融合互动的模式,应该成为非公经济领域意识形态工作及实现主流意识形态引领作用的值得探索的形式和途径。上述两种模式和渠道为非公经济领域意识形态工作拓展和延伸提供了值得借鉴的范例。

最后,非公经济领域意识形态工作还必须延伸载体,着力从宏观和微观两个层面加大主流意识形态对互联网等新媒体的影响。调研显示,约89%的受访者选择了"网络"作为自己获得信息的主要来源。因此,必须加强对新兴媒体的运用,改变当前在传统与新兴的宣传思想意识形态领域发声不均衡的状态,加大对非公经济人士特别是年轻一代的影响。在宏观层面加大主流意识形态对互联网新媒体的影响的同时,还必须尝试在微观层面加大影响,如各级相关部门尝试建立多种微信群或公众号传播党的声音,以实现主流意识形态通过互联网新媒体发挥影响和加强引导力度。

(五)形成人才引领机制:发挥非公经济领域杰出人物的引领示范作用

要使非公经济领域意识形态形成并保持一个良好状态,必须盘活这个领域的人的资源,即发现、培养这个领域的杰出人物,让他们发挥思想引领示范作用。这里所说的杰出人物,是指非公经济人士中那些具有社会责任感、较高的道德操守、对党的理念高度认同、有思想见地的人士。实现途径有两个:其一,发挥非公经济领域先进人物的示范作用。即在由各类非公经济人士参加的如政协、工商联等组织中,给予非公经济人士中具有社会责任感、较高的道德操守的先进典型以更多的发挥作用的机会和平台,突出他们对非公经济人士群体的道德境界思想精神的示范作用。其二,发挥非公经济领域杰出人才的思想引领作用。即注重发现和挖掘那些思想见解深刻,对中国共产党事业有高度的政治认同,对主流意识形态有极大的思想共识的非公经济人士，使其在充分发挥参政议政能力的同时，给予其思想理论宣讲的舞台，运用他们的思想力和理论宣传力对非公经济人士思想精神形成引领作用，实现最大限度地感召引领新生代的企业家。

（六）布局未来：关注关心非公经济领域二代企业家特别是二代海归企业家的精神成长

经历30多年的改革发展，许多非公企业面临着二代企业家接班的问题，它既是关系非公企业个体命运的问题，也是关系非公经济的持续健康发展问题，它更是关系到国家经济前途命运的大问题。二代企业家由于和父辈成长的环境有着很大不同，甚至有的很小就出国留学，归国后他们的思想观念反差很大困惑很多，要求相关组织在关心其企业发展的过程中，给予他们思想精神方面主动的关心、帮助和引领。关心和引导二代企业家特别是二代海归企业家的思想精神成长，是做好非公经济领域意识形态工作的极为重要且必须完成的课题。

（2015年北京市委统战部课题，课题编号：2015swtzbkt08；
2015年北京社会主义学院（北京统战理论研究基地）
招标课题，立项编号：BJSY1508）

做好新时期党的意识形态工作的思考

党的十八大以来，以习近平为总书记的党中央治国理政提出了系列新思想、新战略，其稳步推进和实施使中国共产党的各项事业进入一个新时期。

加强党的意识形态工作是习近平治国理政思想战略极其重要的内容。习近平同志在全国宣传思想工作会议上的讲话即著名的"8·19"讲话中指出，"意识形态工作是党的一项极端重要的工作"，"能否做好意识形态工作，事关党的前途命运，事关国家长治久安，事关民族凝聚力和向心力"。这是习近平站在党的事业兴衰成败以及国家民族未来发展战略大局的高度，对党的意识形态工作做出的深刻论述。基于对党的意识形态工作面对的挑战的深刻洞察，习近平同志指出，在集中精力进行经济建设的同时，必须一刻也不放松和削弱意识形态工作，把意识形态工作领导权和话语权牢牢把握在手中，不断巩固马克思主义在意识形态领域的指导地位，巩固全党全国人民团结奋斗的共同思想基础。以习近平上述重要论断为标志，中国共产党的意识形态工作同样进入到一个新时期，做好新时期党的意识形态工作成为各级党组织工作的题中应有之义。

本文在对基层党员、领导干部和广大群众的思想状况调研的基础上，基于对基层党的意识形态工作调研和了解的基础上，立足于做好新时期基层党的意识形态工作，尝试对做好新时期党的意识形态工作特别是做好基层党的意识形态工作做一个初步思考。

一、问题的提出：为什么要反思新时期党的意识形态工作

意识形态工作是党、国家、民族软实力建设的重要内容。

自美国哈佛大学教授约瑟夫·奈提出"软实力"理论以来，"软实力"这个概念便风靡了世界，其影响渗透至世界的各层面。约瑟夫·奈把实力分为"硬实力"和"软实力"两个方面，"硬实力"指的是军事和经济力量那样的具体资源产生的权力，而"软实力"则指的是以文化、意识形态和社会制度等抽象资源诱导人们的权力。约瑟夫·奈所说的"软实力"具体包括三个方面的内容：文化吸引力；意识形态或政治制度、政治价值的吸引力；掌握国际话语权的能力。显然，与文化、政治价值、国际话语权有着密切联系的意识形态是软实力的重要内容。

牢牢占领意识形态阵地既是国家核心利益所在，也是国际较量中的重要筹码，是国家、民族、政党"软实力"的重要体现。当今世界，争夺话语权、网络控制权、信息发布权、规则制定权、文化领导权等"软权力"成为国家综合国力竞争的焦点。在这场"无硝烟战争"中，中国的意识形态建设面临着严峻的挑战，诸如西方敌对势力的文化渗透威胁我国意识形态安全；各种社会思潮影响我国马克思主义主流意识形态的权威认同；苏东剧变削弱了我国马克思主义主流意识形态的信仰；发展主题与现代化目标淡化和模糊了意识形态之间的对立；多元价值取向对我国主流意识形态的冲击；信息网络化对我国意识形态的控制力形成挑战；❶ 等等。做好新时期党的意识形态工作，打造实现中华民族伟大复兴必需的"软力量"，不仅成为党的事业发展的必然选择，更成为新时期以习近平为总书记的党中央治国理政必然的战略选择。

党的十八大以来，以习近平为总书记的党中央对党的意识形态工作高度重视，对党的意识形态工作作出了重要的战略部署和整体安排，因而，十八大以来党的意识形态工作取得了可喜的进步与成绩。但是，实事求是地说，党的意识形态工作的推进与展开，远没有党风廉政建设与反腐败斗争那样有声有色，远没有取得如党风廉政建设与反腐败斗争那样的显著效果，各种原因所致，这项工作还处于破题阶段，其已经见到的效果也比较弱势，更多是依靠党的建设其他工作强力推进溢出带来的效果，这是与以习近平为总书记的党中央对这项工作的安排布局和重视期望有较大差距的，也与广大党员和人民群众的期望同样有着较大差距。反思已经开展的党的意识形态工作，对其进行科学的分析、判断，是做好党的意识形态工作的当务之急。

二、新时期党的意识形态工作呈现的状况特点

党的十八大以来，以习近平为总书记的党中央，对意识形态工作不仅高度重视，而且有着战略谋划和布局，伴随着党的各项事业的推进和发展，进入新时期的党的意识形态工作在稳步推进的同时，也呈现出新的状况特点。

（一）党中央对意识形态工作高度重视与基层对意识形态工作重要性认识不足、工作不到位并存

党的十八大以来，以习近平为总书记的党中央高度重视党的意识形态工作，一再强调意识形态工作是事关党的事业、中华民族命运、国家兴衰的一项极端重要的工作，要求各级党委要负起政治责任和领导责任，加强对意识形态领域重大问题的分析研判和全局工作的统筹指导，真正做好党在新时期的意识形态工作。但是，实际工作中，基层党委及党的意识形态

---

❶ 任杰：《当前我国意识形态建设面对的六大挑战》，《党建》，2012 年第 7 期。

工作相关部门，对意识形态工作的极端重要性认识不足，对意识形态工作的复杂性、严峻性、艰巨性以及当前加强党的意识形态工作的紧迫性更是认识不到位，思想认识还没有跟上中央的步伐，因而实际工作也就远未到位了。认识不足和工作不到位，不仅体现在各级党委的工作中，也体现在意识形态相关部门的工作中，且是以一种当事人茫然无知、自以为做得不错的情况存在着，极其令人担忧。

（二）党中央对意识形态工作战略清晰与基层意识形态工作相关人员观念意识和整体素质跟不上要求并存

党的十八大之后，以习近平为总书记的党中央就提出了关于意识形态工作的总体战略布局，非常符合当前的实际，非常具有战略远见。但是，实现党中央的战略布局，不仅需要各级党委和意识形态相关部门工作人员的观念跟进到位，更需要较高的意识形态工作的相关素质，这些要求在当下是比较欠缺的。实际工作中，各级党委和意识形态相关部门工作人员，存在着政治意识不强，政治敏感性和政治鉴别力欠缺，政治立场游移不定，大是大非问题上没立场或站错队，或者自身思想观念、理想信念动摇和混乱，马克思主义的理论素养和思想认识水平偏低，一些意识形态相关部门人士扭曲马克思主义和党的理论，丑化和攻击党和社会主义，宣传错误的思想理论和观念，甚至许多领导干部也深陷其中等。

（三）党的意识形态工作整体上持续推进与党的主流意识形态主导性牵引优势不突出、不鲜明并存

经过多年探索与积累，党的意识形态工作格局较为完备，各级党委以及组织、宣传、党校系统等意识形态相关部门创造性地开展了大量的工作，构建起了与广大党员、人民群众联系的纽带和富有感召力的沟通平台，这些工作平台和网络的建立，为做好党的意识形态工作奠定了良好的前提基础。中国共产党十八大以来，党的意识形态工作受到高度重视，整体上得到了有力而持续的推进。但是，多方面原因所致，改革开放以来伴随着信息网络时代的到来，思想意识形态领域出现了众声喧哗、众声嘈杂的局面，人们的思想意识形态受日益多元的思想文化影响明显，基于自然生长的自由放任特征明显，不再只受党的主流意识形态的影响和左右，党

对思想意识形态虽有一定引导，总体上主流意识形态主导性牵引优势还不突出也不够鲜明，并在具体事件上时有沦陷。相关组织和部门的意识形态工作，广度拓展不够，在纵深性、持久性、常规化和走进内心等方面的工作均远未实现。对广大党员群众思想精神引领有顾忌、不够大胆，面对人们关注的社会热点问题回应和鲜明的亮剑均不够，未能满足广大人民群众思想精神方面的需求。已经开展的宣传思想意识形态工作在纵深性、持续性及与其他工作的融合性、黏合性不够，未能形成持久的影响。

（四）党中央对意识形态工作布局明确与实践推进中意识形态工作在新时期整体工作效果中显现得较为弱势并存

党的十八大以来，党中央对意识形态工作，不仅高度重视而且布局明确。党的各项工作也卓有成效，受到广大党员群众的好评。但是，应该看到，意识形态工作由于其自身属于"软力量"，其效果显现也受着多方面"软要素"的影响制约，是一个长期演变并发挥作用的渐进过程，加之相关意识形态工作人员能力、素质和水平的制约，因而，在新时期以来党的各项工作中其显性效果并不明显，客观地说，在新时期党的整体工作效果中，远没有党风廉政建设和反腐败成就显著、效果明显，也未像党风廉政建设和反腐败工作那样起到鲜明的改变社会风尚、引领社会发展的作用，就总体而言，其在新时期党的整体工作效果中是较为弱势的，甚至可以说，远未形成中央、各级党委、相关意识形态工作人员、普通党员及人民群众思想认识一致、工作步调一致、共同担当作为的局面。

（五）党的主流意识形态在传统媒体与新媒体领域呈现出强弱不均衡的状态

党的主流意识形态在传统媒体呈现的是比较强势的状态，有效地宣传了党的思想理论政策主张。但在互联网等新媒体领域，主流意识形态是比较弱势的，更确切地说是主流意识形态与非主流意识形态在新媒体、自媒体领域处于胶着混战的局面，互联网等新媒体的特点使其呈现众声喧哗的状态，主流意识形态的主导性优势及对思想意识形态的引领作用未能在新媒体领域有效地发挥出来。同时，传统媒体也不时出现或不同程度存在舆论导向或模糊或偏差或缺位现象；网络上大量与马克思主义和党的创新理论相悖的主张和观点；在党的意识形态阵地上甚至出现"唱着别人的戏、念着不相干的经"的现象。

(六) 党的意识形态工作正面宣传充分但舆论斗争不足

意识形态工作具有建设性与批判性两重性质[1]，其建设性决定了要有充分的正面宣传，其批判性决定了要有必不可少的舆论斗争，它们共同构成了意识形态工作相互统一、不可分割的两个方面，因而要求我们必须正确认识意识形态工作中建设性和批判性的关系，把正面宣传和舆论斗争统一起来。正是基于此，习近平同志强调指出，意识形态工作必须坚持团结稳定鼓劲、正面宣传为主这个宣传思想工作必须遵循的重要方针，同时，在事关大是大非和政治原则问题上，必须增强主动性、掌握主动权、打好主动仗，帮助干部群众划清是非界限、澄清模糊认识。但是，应该看到，我们党的意识形态工作无论在整体上还是在具体环节上均体现出建设性的正面宣传比较充分，而批判性的舆论斗争显得不足不够的状况。受意识形态相关人员的政治立场、政治敏感性和敏锐度、素质水平、担当精神等因素的制约，在大是大非面前、在错误舆论鼓噪面前、在舆论斗争的热点事件上，敢于亮剑、敢于发声，又善于批评、善于斗争，体现的均较弱。舆论斗争的批判性不够，也冲淡了正面宣传的建设性，如此造成党员、干部、人民群众思想认识的模糊混乱，无所适从。

三、做好新时期党的意识形态工作的思考与建议

(一) 提升主流意识形态自觉自信自强，找准新时期意识形态工作的着力点和突破口

做好新时期党的意识形态工作首先要提升党的主流意识形态的自觉，增强党的主流意识形态的自信，坚定党的主流意识形态的自强。自觉、自信、自强应该成为各级党组织及每一位意识形态工作人员的内心信念，从自身内心深处认同和坚持党的主流意识形态，在意识形态多元化的时代里，不迷失思想信念的方向，正确把握党的意识形态工作的原则和立场，

---

[1] 田心铭：《略论意识形态工作的几个问题》，《马克思主义研究》，2013年第11期。

基于科学认知基础上捍卫党的意识形态话语权，旗帜鲜明地坚守党的意识形态的阵地，在与时俱进的实践创新中实现党的主流意识形态的真正自强，使之与中华民族的伟大复兴相生相长。由此可以看到，党的意识形态工作注定是一项需长期付出的工作，其特点是长期的"润物细无声""慢工才能出细活"与某个时间点时间段的大刀阔斧、疾风骤雨相结合，将二者很好地结合就必须找准特定时期的着力点和突破口，并以此入手向全局和纵深展开。

（二）明确意识形态工作的主体责任，提升担当精神

做好党的意识形态工作必须真正做到"勇于担当"和"善于作为"。所有与意识形态工作相关的工作部门都要在工作任务中明确意识形态工作这个内容，使之成为工作考核的重要方面，必须明确各级党委意识形态工作的主体责任，明确宣传部门的首要引导责任、组织部门的管理责任、纪检部门的监督责任、各级党校的宣传教育责任，形成组织部门、宣传部门、纪检部门、各级党校、各类教育部门和学校分类责任、各负其责、各把其关，工青妇、人大政协、统战部门、工商联、社会主义学院等贯彻意识形态工作同一主题和主线的各司其职、密切配合、齐抓共管的局面。面对主流意识形态的引领力度不够，引领作用发挥不畅，各部门必须担当起对意识形态的引领责任，做到对热点问题和社会热点现象，不回避，不退缩，敢于亮剑，善于发声。

（三）拓展意识形态工作的格局，创新工作方式方法

构建意识形态工作新格局，引导意识形态工作向广度、深度、持久性、亲和性拓展，在提升忠诚度和责任感的前提下创新方式方法。必须要有与时俱进的思路和视野，在宗教组织不断扩张的背景下努力探寻党的意识形态工作的格局、方式方法、忠诚度和责任感。意识形态工作在广度上必须努力实现覆盖社会全体人员，在深度上必须使意识形态工作真正触及人们的心灵和思想，在持久性上必须打破运动式的思想教育模式，在亲和性上必须使思想教育即意识形态工作摒弃死板说教而真正进入人们的内心，进而使意识形态工作具有黏合性，从而真正发挥对全社会的思想引领作用。必须在提升对党的意识形态工作高度的责任感和忠诚度的前提下，

积极主动创造性地创新工作。努力提升党的意识形态工作的策略性，真正实现党的创新理论传播的时代感和大众化。

（四）更新理念，提升认识，加强队伍建设，全方位提高素质能力

正如习近平同志指出的，意识形态建设是党的建设和党的事业整体发展中的不可分割的内容，是不可或缺的重要一环。必须使各级党委及意识形态相关部门深刻认识其重要性，真正在认识上和党中央保持一致，改变落后的观念认识，更新理念，从而跟进党中央的工作步调，这是做好意识形态工作的前提基础。为此，必须破解各级党组织及意识形态相关部门理念陈旧、认识滞后的状况，全面提升相关部门对意识形态工作重要性、必要性的认识，做到理念更新、认识到位。在此基础上，必须全方位提高各级党组织及意识形态相关部门工作人员做好党的意识形态工作的素质、能力，全方位提升各级党组织及意识形态相关部门的意识形态能力建设，打造一支政治素质过硬、业务能力超群的意识形态工作者队伍。

（五）及时关注并解决好新时期意识形态工作的热点问题与纵深环节

做好新时期党的意识形态工作必须做到点面结合、线面结合。所谓面就是意识形态工作的整体与全局，做好整体的布局与全局的谋划；所谓点就是意识形态工作的着力点、重点、引起社会普遍关注且牵动全局的热点；所谓线就是指意识形态工作某一方面的纵深。如前所述，当前，党中央对意识形态工作布局完整、谋划科学，整体和全局具有极强的战略性；但是，整体布局的完成除了需要协作推进抓好落实外，还需要在对引起社会普遍关注且牵动全局的热点问题的处理和解决中得到实现，因为对热点的处理和解决不仅带有明显的风向标的作用，而且会强有力地推动意识形态工作的进展，决定着意识形态工作取得的成效；此外，整体布局的完成，还需要在线的方向上实现某方面工作纵深的着力和推进，因为意识形态领域任何一个方面出问题或跟进不力，都会影响其全局效果的取得。所以，着重解决好新时期不断出现的热点问题，注重解决好新时期意识形态工作的纵深环节，是下一步做好新时期意识形态工作的重中之重。

（六）着力从宏观与微观两个层面加大主流意识形态对新媒体的影响

调研已经充分显示，以成长中的年轻一代为主的广大社会群体是以网络新媒体作为自己获得信息的主要来源的，随着自媒体的扩张，思想舆论受众更趋分散化和个性化。因此，必须加强对新兴媒体的运用，改变当前在传统与新兴的宣传思想意识形态领域发声不均衡的状态，着重加大对年轻一代的影响。在宏观层面加大主流意识形态对互联网新媒体的影响的同时，还必须尝试在微观层面加大影响，如各级相关部门必须尝试在建立的多种微信群或公众号中要凸显传播党的主流意识形态声音的内容，以实现主流意识形态通过互联网新媒体发挥影响和加强引导力度。

（2015年北京市昌平区委党校校级课题）

基层党员思想精神现状、存在问题与解决路径

建党90多年来，中国共产党在思想文化和精神信仰等软实力方面拥有很强的优势，党的宣传思想文化教育是党的事业成功的重要保证。伴随着中国的崛起，经济硬实力的增强，迫切需要思想文化和精神信仰等软实力的同时提升。然而，30多年的改革与发展，我们在思想文化和精神信仰等软实力建设方面却存在着一些问题，经济发展和硬实力提升的同时，社会上出现了不同程度的思想混乱、价值错位、道德沦丧与信仰迷失。这些情况都会通过基层党员的思想精神状况反映出来。

基层党员思想精神状况，是研究和观察中国现状与未来发展的一面镜子和一个视角，是研究与考量党的建设现状与发展的一个坐标和一个尺度，是新时期党的宣传思想文化教育工作找准路径和方法的入手点。为了准确把握基层党员的思想精神现状及其存在的问题，笔者进行了基层党员思想精神现状的调研，尝试以昌平区微观和局部去透视和把握全局，在动态地把握基层党员思想精神现状的流变的基础上，把握基层党员思想精神

现状的整体态势，剖析存在的问题，从而找到解决问题的对策和路径。

一、基层党员思想精神现状分析

（一）整体态势

第一，从总体和全局来看，基层党员思想精神现状于整体稳定中孕育着变化；基层党员的思想认识于清楚明确中包含着混乱与模糊；基层党员的思想精神状况总体积极健康，但也存在一些消极因素。总之，基层党员的思想精神状况总体良好乐观，但同时存在着令人担忧的问题。

第二，从思想的活跃度和问题的集中度来看，普通党员的思想活跃度明显弱于处于领导岗位上的党员；年龄大的党员的思想活跃度明显弱于年轻党员，且在思想的活跃度与问题的集中度上呈现从"80后"→"70后"→"60后"的递减趋势；学历层次高的党员思想活跃度和问题集中度明显高于学历层次低的党员，且随着学历层次的降低呈现依次递减的趋势。总之，基层党员主体队伍的思想精神状况较好，但在高学历党员、年轻党员和少数干部党员中存在较为集中的不同程度的问题，特别是当以上两个或三个因素叠加时问题表现得就比较突出。

第三，从问题呈现的群体分布来看，农村党员和社区党员弱于企业事业单位的党员，企业事业单位的党员弱于政府机关公务员中的党员，显现出越是接近政权和权力的核心位置的群体思想越活跃问题越多，越是政权和权力辐射的边缘地带的群体思想越稳定问题越少的态势。

第四，从同一群体内部来看，调研显示，昌平区农村经济社会发展程度高且群众收入水平高的地区的党员的思想精神状况明显好于待发展的经济社会发展程度低且群众收入水平低的地区的党员的思想精神状况；知识群体集聚的中小学校和医院显现了思想较为清晰、稳定、健康的特征。通常这些基层党员思想精神状况好的单位、区域、行业，一方面是改革开放国家发展的受益群体，另一方面其自身党组织建设也比较有活力和凝聚力。显现出基层党员的思想精神状况与改革发展中自身享受的成果的正相关态势，基层党员思想精神状况与基层党组织建设状况的正相关态势。

第五，思想精神领域存在着严重的小众引导大众的现象和特点。这一现象和特点首先表现为知识精英如专家学者对基层党员干部群众思想精神的引导，越是名家名嘴引导力度越大，专家学者的水平越高说服力就越强，引导力度就越强；其次还表现在政治精英如各级领导干部对基层党员群众的思想精神引导，各级领导干部的思想精神状况直接引领着普通党员群众的思想精神状况，领导干部的思想和行为对普通党员群众起着示范、教导的作用；最后还表现在高学历青年对普通党员群众思想精神的引领上，他们以时代思想最活跃最先锋的群体影响着普通党员的思想精神状况。调研中上述现象和特点得到了充分的显示，思想精神领域演化和变迁的这一内在的特征和规律值得我们注意和深思。

(二) 从中得出的结论和认识

一是从基层党员思想精神状况的视角和坐标去把握和预测中国国家发展的现状和未来，我们可以对国家发展前景充满信心。大多数被调研的党员都认为中国未来一定能够实现国家崛起和民族复兴，69.35%的党员对中国未来发展前景充满信心；绝大多数党员都认为国家发展和自己的未来有着不可分割的联系，有96.23%的党员认为国家发展与自己的命运密切相关；绝大多数党员都认为自己应该在国家崛起和民族复兴过程中贡献一份力量、担当起一份责任。

二是从基层党员思想精神状况的视角和坐标去把握和研判中国共产党的自身建设状况与未来走向，我们可以对中国共产党党的建设的现状及未来拥有自信。大多数被调研的党员认同党的理论路线方针政策，有98.74%的党员对党的路线方针政策认可，有69.04%的党员认为过去30多年的改革代表了工农及包括自己在内的广大人民群众的利益；有72.63%的党员承认自己信仰的是马克思主义和共产主义；有90.52%的党员认为在中国共产党的领导下最终能够实现民族崛起和国家富强。

三是必须高度警惕并有效解决基层党员思想精神层面存在的问题。如果我们不能有效地解决基层党员思想精神层面存在的问题，不能有效地反思和改进党的宣传思想文化教育工作，这些作为矛盾的次要方面的问题就会积累、转化，直至发生影响、产生作用。调研中基层党员对党的宣传思想文化教育工作表现出较高的关注度和忧患意识，有16.08%的党员认为党的宣传思想文化教育工作存在着严重的问题，有74.12%的党员认为党的宣传思想文化教育工作总体上虽然是好的但是迫切需要改进。因而，由基层党员思想精神层面存在的问题入手，反思和认识党的宣传思想文化教育工作存在的问题，切实找到解决问题的对策与路径，尤为重要。

二、基层党员思想精神方面存在的主要问题

（一）基层党员思想精神方面存在的主要问题分析

第一，少数党员精神信仰存在一定程度的模糊和混乱。调研中有43.97%的党员认为共产党员的精神信仰应是多元的，并且可以是不断变化的，且可以有宗教信仰，有27.39%的党员坦诚自己的精神信仰是非马克思主义的，有15.02%的党员认为在加入中国共产党之后还希望加入或已经加入其他如天主教等宗教组织。这种状况说明，在经济发展和物质生活极大丰富之后如何保持共产党员的精神信仰以延续推动党的事业发展和中华民族伟大复兴的精神动力，是摆在我们党面前的迫切需要解决的课题，是党的宣传思想文化教育即党的意识形态工作必须承担起的任务。

第二，少数党员对中国特色社会主义道路的认同上存在着认识偏差。调研中有61.05%的党员认为中国改革开放30多年取得成就的原因是在中国共产党的领导下大胆改革开放，探索出适合中国国情的有中国特色的社会主义道路，但仍有8.02%的党员认为中国改革开放30多年取得成就的原因是实质上走了一条资本主义的道路，有9.80%的党员认为在当前的国际环境下中国实现民族复兴应走的正确道路是西方资本主义道路或北欧的民主社会主义道路。这种状况深刻地说明了将改革开放的伟大成就成功地转化为对中国特色社会主义道路的认同是党的宣传思想文化教育工作必须面对的一项重大课题。

第三，一些党员对党的事业以及路线方针政策的认同存在着一定的问题。调研中有30.65%的党员对中国未来发展前景疑惑或不看好，有10.05%的党员对中国共产党领导下最终实现民族复兴和国家崛起有很大的疑惑；有30.96%的党员认为一定时期以来党的路线方针政策代表了领导干部、既得利益阶层和国家公务员的利益；有37.36%的党员对中央认可但对基层党组织和政府不认可；有27.55%的党员对身边的领导干部认可且信服，但有16.98%的党员对身边的领导干部感到不满且担忧，有48.24%的党员对党的路线方针政策虽认可但是在执行上不满意。这种状况

从一个层面显示了基层党员对党和党的事业的思想认同存在着问题，进而也就彰显了党的宣传思想文化教育工作面对的挑战和问题。

第四，基层党员对马克思主义基本理论和党的创新理论真学真信真懂存在着一定程度的问题。表现为：其一，认为从邓小平理论到"三个代表"重要思想和科学发展观，理论创新太多，让人应接不暇，对学习宣传有抵触和厌烦情绪。其二，对党的理论理解认可不一，将党的创新理论与中国传统文化如儒家文化或民主社会主义思想等混淆。其三，一些党员干部对党的创新理论的正面宣传教育持怀疑态度。所有这些都说明，使马克思主义和党的创新理论成为广大党员干部的理论武装面临着极其艰巨的挑战，也就说明了党的宣传思想文化教育即党的意识形态工作面对的使命和任务。

第五，对社会主义核心价值体系及核心价值观存在模糊认识，认同感需要加强。对社会主义核心价值观只在个人层面的内涵理解准确清晰，其他两个层面的理解普遍模糊。而对社会主义核心价值体系的认识问题更为严重。在被调查的党员中能将社会主义核心价值体系的内容全选对的只有13.56%；有31.90%的党员认为马克思列宁主义、毛泽东思想、邓小平理论、"三个代表"重要思想和科学发展观应成为全党全民的指导思想，而有15.65%的党员认为民主社会主义或中国传统文化或西方民主自由思想应成为全党全民的指导思想；在社会主义核心价值体系的内容中，选择认可爱国主义为核心的民族精神的党员有41.19%，选择认可马克思主义指导思想的党员有27.12%，选择认可改革创新为核心的时代精神的党员有37.83%，选择认可社会主义荣辱观的党员有29.14%。

（二）导致基层党员思想精神方面问题的原因

一是我国改革开放所处的整体国际大环境。改革开放之后，中国与国际接轨的过程中，思想意识形态处于开放的空间环境下，面对着外部思想意识形态和价值观的竞争与挑战。苏东剧变后，世界社会主义的低谷，使得党员群众对社会主义和马克思主义的生命力产生了怀疑和动摇，思想精神信仰出现危机。进入21世纪后，中国快速地进入互联网和信息爆炸的时代，而"西强我弱"的国际舆论格局没有改变，传媒技术与新闻媒体的国际影响力依然弱势，国际话语权的掌控能力仍然有限。我国改革开放所处的整体国际大环境无疑是导致基层党员干部思想精神出现问题的客观的无法忽视的原因。

二是社会转型期一系列矛盾的凸显，特别是贫富差距和腐败现象的存在。经过30多年的改革开放，我国经济社会快速发展的同时，也进入了社会转型期和矛盾凸显与高发期。各种尖锐的社会矛盾丛生，引发一系列社会问题，是基层党员干部产生各种思想困惑与精神信仰动摇的一个基础性原因。腐败现象和贫富差距更是造成基层党员思想精神方面一系列问题的不可忽视的原因。调研中基层党员把思想文化精神信仰出现问题的首要原因归结为腐败和贫富差距的存在，有70.60%的党员认为思想文化精神信仰出现问题的原因在于腐败盛行和贫富差距的存在。

三是实践中不同程度存在着对宣传思想文化教育工作重视力度不够或顾及不到的状况。实践中曾在一段时期一定程度上存在着重经济发展轻宣传思想文化教育、重党的领导社会主义市场经济能力的提高轻党的思想意识形态建设的现象；即便是宣传思想文化教育领域，也存在着重视文化产业和载体的发展创新而忽视思想道德和精神信仰建设或是两者结合得不好的状况；各级党委、党的基层组织和各级政府不同程度上存在着被经济建设、社会建设、城镇化推进等棘手的眼前工作推着走，从而无暇顾及党的宣传思想文化教育工作，甚至是只有应付之功而无专心之力；党的宣传思想文化教育工作即党的意识形态工作未能满足广大党员及广大群众的需要，已经做的工作存在着蜻蜓点水走过场表面化的现象。调研显示，有75.63%的党员认为当前党的思想文化和精神信仰等软实力方面存在的问题比经济军事等硬实力方面存在的问题更为严重，有49.49%的党员认为导致思想文化和精神信仰出现问题的原因是对宣传思想文化教育工作不够重视和领导干部的认识有问题。

四是宣传思想理论界存在着不同程度的混乱和犹疑，以及党的意识形态工作的形式主义，致使理论创新不断推进的同时理论武装没能做到有效地跟进。其一，各级党组织及宣传思想理论界在推进理论武装时，存在着重形式轻内容、重声势轻效果、只重过场不负责任的形式主义，真学、真懂、真信首先在知识分子甚至宣传思想理论界的专家学者中没能真正解决好。其二，宣传思想理论界的不同程度的混乱和犹疑，诸如，有些学术研究和理论文章为了标新立异，借创新之名混淆视听、颠倒是非；在重大历史节点上回应人们的讨论和思想交锋不够，澄清人们的疑问和不解不力。调研显示，有 31.40% 的党员认为领导干部、专家学者的自身认识存在问题是导致党员群众思想精神信仰出现问题的重要原因。

五是一些媒体和思想理论阵地的舆论导向出现不同程度的问题。随着改革开放的推进，我们国家的一些媒体的正确舆论导向却出现了模糊、偏差或缺位的现象。一些电视台的文化娱乐节目中，明显出现缺乏正确的价值观和道德伦理的引导，甚至出现严重的拜金主义和享乐主义至上的导向；一些理论刊物传播与马克思主义和党的创新理论相悖的主张和观点；在各种党的宣传思想文化教育的阵地上有时出现"唱着别人的戏、念着不相干的经"的现象。调研中有 15.07% 的党员认为当前导致思想文化精神信仰出现问题的原因是宣传思想文化教育工作的方向和导向出现了偏差，正是这种舆论导向的模糊、偏差和缺位的状况，致使基层党员的思想精神出现了各种问题。

六是教育培训机构有待进一步规范，政治立场和原则需要明确和加强。有的办班单位将培训承包给社会办学机构，因而无法保证办学的质量和马克思主义意识形态原则的贯彻；有的办班单位对教育培训本身是外行，盲目选择课程和教师，一味追求内容的新颖和教师的高层次，但是对教师讲课过程中的政治倾向和舆论导向缺乏标准，甚至有时对所请教师有失控制和管理，党员干部教育培训的课堂有时变成了传播消极思想的平台，助推了基层党员干部群众思想精神方面问题的蔓延与增长。

三、解决问题的对策与路径

宏观层面来看，从根本上搞好党的建设，发展好中国特色社会主义事业，是解决党员群众思想精神方面存在的问题的基础条件和根本路径。着眼于党的宣传思想文化教育工作本身，笔者认为解决问题的对策和路径如下：

（一）必须高度重视基层党的宣传思想文化教育即党的意识形态工作

各级党委必须以对党的事业高度负责的精神，把党的宣传思想文化教育工作作为重要的工作来抓；应该在各级党委、党的基层组织和各级政府的工作中引入对党的宣传思想文化教育工作真正必要的定量的考核，以强化党的宣传思想文化教育工作。在各类文化活动和文化产业的发展中把是否渗透和贯彻社会主义核心价值体系、是否以社会主义核心价值观为灵魂，作为指导当前和今后文化活动和产业发展的指标和原则。

（二）必须注重选拔和培养忠诚于党的事业的基层宣传思想文化教育领域的领导干部

首先，必须使党的宣传思想文化教育工作的各级领导权掌握在既忠诚于党的事业，又精通和擅长党的宣传思想文化教育工作的领导干部手中。其次，注重宣传思想文化教育领域的领导干部的选拔和培养，既要考虑到其对党的事业的忠诚度，也要考虑到其对党的宣传思想文化教育即党的意识形态工作的精通度，在干部调动和岗位轮替时，必须对党的宣传思想文化教育工作的特殊性和专业性要求给予高度的重视。最后，在干部晋升提职过程中，不仅重视干部的领导经济发展的能力，更要重视干部的意识形态工作的能力，重视干部的政治立场和理想信念。

（三）必须培养和壮大一支忠诚于党的事业的基层宣传思想文化教育工作者队伍

在党的各级宣传系统、各级组织部门、各级党校和干部培训学校、各种文化团体和教育机构以及大中小学，都要培养和打造忠诚于党的事业的马克思主义的宣传思想文化教育工作者队伍，培养和造就忠诚于党的事业的马克思主义的名师名家；尤其要特别注重基层的宣传思想文化教育工作者队伍的建设，使他们拥有过硬的政治素质和业务素质，在服务基层的党员群众中发挥第一梯队的作用。

（四）强化组织部对教育培训的领导和党校对教育培训的组织，进一步规范各类教育培训，严格讲台准入制度

应进一步规范各类教育培训，组织部门应加强对课程设计和内容安排的审核；各种班次应主要放在党校来办，由主办单位委托授权党校对教师选聘、课程设计与内容安排和学员管理拿出主导意见，并对教师授课实行有效管理，实行对教师的严格讲台准入制度，严格坚持"学术无禁区，讲

台有纪律"的原则,即便是业务培训,聘请教师也要坚持政治标准和马克思主义意识形态原则。

(五)必须发挥好基层党校和基层党校教师的作用

这是当前解决基层党员思想精神方面实际问题的不能被忽视的路径。基层党校和基层党校教师在对基层党员干部群众的宣传教育中,即在党的意识形态工作中起着不可替代的作用,是党的宣传思想文化教育工作中的虽微小却不可或缺的细胞,它的活力、生命力与能量的展现,直接决定着党的宣传思想文化教育能否深入人心而获得广大基层党员的认可。为此,必须高度重视基层党校的工作,必须选优配强领导班子;必须打造一支政治和业务素质过硬的基层党校教师队伍,必须给予基层党校教师更多的政治和业务的上升空间,让那些有事业心和责任感、使命感的基层党校教师真正发挥作用,在对基层党校教师的考核及职称评审中建立重点考察教学和理论宣讲的模式,引导基层党校教师"送课"到基层的社区、村镇。

(六)强化宣传部门的职责,牢牢把握意识形态的主导权和正确的舆论导向

在充分发挥媒体和舆论工具的作用的同时,必须做到不能用市场原则取代社会政治责任和社会良心,必须坚持社会效益第一的原则,必须做到既坚持马克思主义的原则立场,又反映时代和人民的呼声、回应实践中出现的问题。必须坚持正确的舆论导向,坚持宣传思想文化教育的社会主义意识形态原则,在大是大非面前不含糊不退缩,牢牢守住党的意识形态防线。各级党委宣传部门必须对舆论导向严格把关,负总责。

(七)必须与时俱进地创新党的意识形态工作的方式方法,加强对网络等新兴媒体的运用

调研显示,有69.84%的党员承认自己获得信息的主要来源是网络。因此,我们必须加强对新兴媒体的运用,改变当前在传统与新兴的宣传思想意识形态领域发声不均衡的状态,加大对新兴社会群体和阶层,特别是对年轻人的影响;必须让大众文化和流行艺术为人们提供精神文化消费的同时,引导人们正确的价值观和思想观念;要用灵活多样的活动和方式达

到树立社会主义核心价值观的目的；拓展党组织活动的空间和方式，通过创新组织活动方式来提高党组织的凝聚力，达到不断教育党员，形成思想共识的目的。

（2011年北京市昌平区党的建设研究会优秀课题，
《新视野》2015年增刊）

昌平区统筹利用文化资源研究

　　自党的十七届六中全会研究部署深化文化体制改革、推动社会主义文化大发展大繁荣，提出建设社会主义文化强国的奋斗目标以来，文化建设和文化发展被提到国家和地区发展极其重要的战略高度。北京市提出了建设社会主义先进文化之都，发挥首都全国文化中心示范作用，通过实现文化创新和科技创新的双轮驱动谋求首都经济的转型发展。在此背景下，昌平区第四次党代会提出了"文化立区"的发展理念，致力于区域文化大发展大繁荣，从而提高区域发展的硬实力和软实力。然而，无论是文化事业还是文化产业的发展都无法回避一个问题，那就是如何科学地分析和认知自身的文化资源，进而合理科学地统筹利用自身的文化资源。这直接关系区域乃至国家文化事业与文化产业的发展，对于搞好文化建设以提升软实力，做好文化产业发展文化经济以提升硬实力具有极其重要的意义。

　　昌平区拥有深厚的文化底蕴，有着自己独特而悠长的历史文脉，有着自己丰富的文化资源，有着独特的区域文化特色，这是昌平历史地理文化和社会风土人情中抹不去的印记和标识，是昌平赖以生存发展的无法忽视的基础和前提。在一个文化被日益重视的时代，在一个文化经济悄然兴起，并在未来引领社会经济发展，成为经济社会发展的引擎和龙头，为国家和地区的经济社会转型提供驱动力量的时代，丰富的资源、悠长的文脉和深厚的底蕴，无疑是难得的优势。

　　昌平区在改革开放以来30多年的发展中，文化建设与文化发展取得了显而易见的成就。党的十七届六中全会以来，昌平区在进一步认识自身文化资源的基础上，对文化建设与文化发展有着自己锐意进取的谋划和布局。反思其中的成就与问题，谋求未来的科学发展，是应该而且必须做的工作。本文正是在上述意义上尝试和展开对昌平区统筹利用文化资源以谋划区域发展问题，做一个初步的思考和探讨。

一、昌平区统筹利用文化资源的主要做法

（一）基于对自身文脉和文化资源的把握，确立了"文化立区"发展理念和"文化强区"发展战略

昌平区委在2011年召开的区四次党代会上，明确提出了"文化立区"，这是昌平区贯彻十七届六中全会精神，谋求昌平社会主义文化大发展大繁荣，谋求建设文化强区的重要举措，体现了区委文化建设与文化发展的崭新理念，这是指导昌平未来发展重要而难得的理念。四次党代会的报告对于"文化立区"的阐述如下："树立文化立区的发展理念，发挥文化引领风尚、教育人民、服务社会、推动发展的作用，梳理昌平历史文脉，弘扬城市创新精神，打造特色文化品牌，增强区域发展软实力。"在报告中还提出了贯彻"文化立区"，推动昌平文化大发展大繁荣的三方面任务：其一，巩固团结奋斗的思想道德基础；其二，完善公共文化服务体系；其三，发展特色文化创意产业。

在四次党代会提出"文化立区"的理念基础上，2013年年初昌平区委进一步提出了"文化强区"的发展战略，出台了《中共北京市昌平区委区政府关于进一步加强文化建设打造首都文化强区的意见》，致力于全面推进区域文化复兴和文化创新两大战略任务，提出到2020年，昌平区将努力建设成为历史文化体验之区、创新文化发展之区、生态文化示范之区"三区融合"的首都文化强区，以优异的发展成效争创全国文化先进市和全国文明城市。

（二）启动了梳理昌平历史文脉工程，为统筹利用历史文化资源，实现"文化强区"战略奠定前提基础

以明十三陵、居庸关长城等世界文化遗产为代表的重要历史文化遗存，形成了昌平区历久弥新的优秀文化印记。为进一步增强全区人民对本

土文化的自觉与自信，全面统筹自身的历史文化资源，2013 年年初，昌平区委决定在全区范围内开展历史文脉的梳理工程，全方位研究梳理昌平历史文脉。确定了历史沿革脉、文物遗址脉、山水地理脉、皇陵王墓脉、隘口关城脉、宗教寺庙脉、民俗旅游脉、街镇风韵脉、名人名著脉、产业经济脉 10 条基本脉络，计划利用 5 年左右时间，编撰制作《魅力昌平系列丛书》及音像制品，进一步挖掘和强化昌平文化的根与魂，以梳理昌平历史中有特色、有内涵、有品位的文脉为主线，全面挖掘和展示昌平独特的历史人文风貌和文化魅力，形成一批系统性、综合性、权威性音像、图书成果。2013 年年底，已出版《明十三陵概述》《明长陵》《明定陵》《明昭陵》《温榆河与昌平水系》《名人名著话昌平》《居庸关》《巩华城》《昌平史迹要览》9 本图书。历史文脉梳理工程为昌平区"文化强区"战略的实现奠定了坚实的前提基础。

（三）立足昌平区文脉和文化资源，制定适合自身发展的"三区融合"的规划和蓝图

昌平区统筹现有文化资源，综合考虑现有发展条件和整体布局，提出并制定了到 2020 年，将昌平区努力建设成为历史文化体验之区、创新文化发展之区、生态文化示范之区"三区融合"的首都文化强区的规划和蓝图。历史文化体验之区，就是以明十三陵、居庸关长城、巩华城为载体，培育国际知名的明文化体验品牌，建设特色鲜明、功能齐备、项目成熟的大型"文化旅游综合体"；发挥 5 处国家级、79 处市区级文物保护单位的集群效应，以先进的运行模式打造新型历史文化展示载体，把文化资源优势转化为产业优势，整体提升区域文化知名度。创新文化发展之区，就是充分发挥高端创新要素密集的优势，以"三城一区一基地"即未来科技城、沙河大学城、昌平新城、科技商务区、国家工程技术创新基地等重点功能区为依托，强化科技创新与文化创新的双轮驱动，同步推进新城文化创意新区、海鹊落新都市中心、汤泉古镇等建设，实现科技与文化交相辉映，加快特色文化创意产业项目聚集和品牌培育，使之成为区域经济的支柱产业。生态文化示范之区，就是充分发挥昌平上风上水、生态良好的自然资源优势，深入挖掘生态资源的文化价值、宜居价值，以山水田园滋养文化创意，以大地景观集成文化内涵，以绿色环保彰显文化理念，以秀美

环境陶冶文化情操,在城市化、城市现代化、城乡一体化进程中,建设人与自然和谐统一的生态文化示范之区。

与此同时,昌平区还同步推进思想道德引领工程、历史文化资源保护工程、文化地标建设工程、城乡文化风貌设计工程、公共文化设施建设工程、群众文化活动品牌打造工程、城市公共文明创建工程、文化创意产业发展工程、现代传播体系构建工程、文化人才队伍激励工程,以落实文化复兴、文化创新两大战略任务,从而在整体上推进"三区融合",努力把昌平建设成首都文化强区,为实现建设现代化京北创新中心、国际科教新城的目标提供有力支撑。

(四)整体推进对文化资源的统筹利用,注重实现文化事业和文化产业的协调发展

昌平区在立足自身文化资源,发展好文化产业的同时,抓好抓实文化事业,努力完善公共文化服务体系,积极探索公共文化服务的实现路径。积极构建政府主导、社会参与的公共文化服务体系,保障群众基本文化权益,满足城乡群众多元化、多层次的精神文化需求。以争创首都公共文化服务示范区为目标,加强文化基础设施建设,完善"一心五团多支撑"的公共文化服务设施网络,建设一批标志性的公共文化设施。广泛开展公益性文化活动,提升公益性文化组织服务水平。如以昌平新城东区区级文化艺术中心和回龙观、天通苑等超大型文化设施建设为重点,积极推进区级文化艺术中心规划立项工作。实施文化精品战略,扶持文化团体和品牌活动,推出具有鲜明昌平特色的优秀文化作品。在创新文化工作体制机制,强化文化市场监管,建设高素质文化人才队伍和文化志愿者队伍,鼓励引导社会力量参与公共文化服务方面,出台了系列相关政策。坚持文化为民、文化惠民大力普及群众文化活动,让群众参与文化建设过程,充分享受文化建设成果。努力实现公共文化服务相对均等化,推动公共文化服务向社区和农村延伸。

(五)积极培育和打造特色文化品牌,提升区域文化品牌的影响力

首先是精心培育产业集群。典型案例是全力培育和打造明十三陵文化

品牌。十三陵景区是北京市六大世界文化遗产之一，是中国传统文化的窗口，也是北京市重要的文化名片。昌平区政府通过科学论证，规划了十三陵明文化创意产业集聚区。2010年11月，该集聚区获得"北京市文化创意产业集聚区"的命名，成为北京市第三批文化创意产业集聚区。明十三陵文化创意产业集聚区目前初步形成了"一区、两心、一轴、多点"的空间布局。形成了以明十三陵、居庸关长城、银山塔林三大景区为核心，以文化旅游为主导产业类型，文艺演出、体育休闲、工艺设计、销售流通会展服务共同发展的文化创意产业集群。集聚区内共有各类文化创意产业机构40余家。拥有以十三陵国际艺术园、上苑画家村、瓦窑作家村为代表的艺术创作群落；以昌平工艺美术产业园为代表的工美设计与制造企业；以凤山温泉度假村、军都旅游度假村、金池蟒山度假村等为代表的温泉旅游会展服务接待企业。

其次是狠抓重大品牌项目。典型案例是全力打造魔术文化品牌。魔术是科技和文化融合的典范，也是昌平创新文化发展的一大亮点。通过隔年交替举办中国北京国际魔术大会和亚洲大学生魔术大赛，筹划成立"国际魔术促进会"，扩大区域魔术文化影响，大力发展魔术产业，提升区域文化品牌影响力，以此统领区域文化活动。

此外，昌平的农民艺术节、苹果文化节、温泉文化节、明十三陵国际旅游文化节、草莓庙会、农业嘉年华等活动，已经形成成熟的文化品牌。在广泛开展全民健身运动的同时，高标准举办的国际航空动力邀请赛、国际长走大会等赛事活动，正在成为区域特色的文化新品牌。

（六）努力实现对自身文化资源的统筹利用，注重经济效益的同时，深挖文化资源的社会价值和社会效益，实现文化品牌内涵上的拓展

昌平区统筹利用自身文化资源，在注重提升经济效益的同时，对文化资源的社会效益和社会价值进行了深度的挖掘。典型的事例是十三陵特区和北京市纪检委合作开发了"明镜昭廉"反腐倡廉项目，该项目坐落在明昭陵景区，目前免费接待游客，在党的十八大以来强力反腐的背景下，该项目已经成为北京市对广大党员领导干部进行反腐倡廉教育的重要基地，具有很好的社会效益，成为昌平区拓展历史文化资源价值的成功典范。

昌平十三陵特区还连续在十三陵旅游文化节上推出"大明书场"主题文化活动，聘请百家讲坛的名师做客主讲"大明书场"，在提升明十三陵旅游品质的同时，为明十三陵的旅游产品增加了文化内涵，彰显了昌平极具特色的明文化底蕴。"大明书场"还曾在北京文博会上展示，提升了昌平文化的知名度和美誉度，具有很好的社会效益。

（七）在统筹利用现有文化资源的基础上，尝试文化发展由资源依赖型向科技创新型跨越

昌平区努力探索在现有文化资源统筹利用的基础上，努力摆脱对区域文化资源的过度依赖，尝试实现由资源依赖型向科技创新型的发展跨越。提出坚持科技创新、文化创新双轮驱动战略，进一步强化创意文化竞争力的思路。昌平区把文化创意产业作为区域三大特色产业之一。按照区域"两轴两带、三城多点"总体空间布局，充分利用世界文化遗产、温泉等特有资源，规划建设汤泉古镇、昌平新城、京北数码港、郑各庄主题创意村庄等重点功能区；精心培育新兴文化创意产业集群、文化艺术产业集群和特色优势关联产业集群；以建设国家大马戏院、北京魔术城为龙头，稳步推进北京魔术团、北京魔术学校建设，积极推动杂技、马戏、魔术、滑稽四位一体的旅游娱乐综合体建设；以明十三陵、居庸关长城、巩华城为载体，培育国际知名的"明文化旅游综合体"。

昌平区实现向科技型跨越的典型尝试是，积极引进现代文化元素，促进文化与科技深度融合，发展新型文化业态，以海鹐落公园为中心，打造与未来科技城相呼应的"未来文化城"。在未来科技城西南侧规划建设的未来文化城，占地面积约 6 平方公里，将打造一个集文化创意、科学普及和娱乐休闲于一体的大型功能区，与未来科技城形成科技文化的互相呼应、良性互动，使之成为中关村北部产业带又一重要发展极和中国特色世界城市文化支点。未来文化城依托海鹐落都市文化公园的生态环境，突出文化主体，重点建设四大内容，分别是：国家级文化的孵育摇篮，主要是打造集演艺、博展、交流于一体的国家级文化展演中心，重点项目有国家大马戏院、北京魔术城、中国杂技博物馆等；创新型文化的展示窗口，主要是打造"高科技"和"高想象力"的未来世界展示区，重点项目是"未来世界"科技体验集群，分为未来信息馆、未来家居馆、未来交通馆、

未来太空馆、未来食品馆和未来能源馆六个主题体验馆；高科技文化的艺术舞台，主要是打造高科技与演艺完美结合的中国梦空间，重点项目有5D未来中国秀、"动立方"4D影院、"幻彩北京"光影秀等；文化创意产业总部基地，主要是在科技文化的基础上打造创意设计中心，形成科技、文化、娱乐、设计综合的文化产业链，重点项目有创意设计工作室、国际创意设计交流中心等。

二、昌平区统筹利用文化资源存在的主要问题

（一）对文化资源的统筹意识和统筹思维还没有明确树立起来

虽然确立了"文化立区"的发展理念和"文化强区"的发展战略，也制定了"三区融合"的规划和蓝图，但是对自身文化资源统筹利用的意识和思维还远没有明确地树立起来，致使一些政策、规划和项目欠缺整体性、连续性和长远性，利用文化资源谋求发展一定程度上还停留在为了单纯追求经济增长而对待文化资源的水平上。统筹利用文化资源谋求发展这篇大文章，究竟应该由哪个部门来领导统筹，应该由哪些部门具体去实施和推动，在整体环节上还没有完全理顺，部门之间存在越位、缺位、抢位现象。

（二）对自身文化资源特色及文化建设、文化发展规律的认识整体有待提高

在昌平过往的发展中，特别是在昌平改革开放30多年的发展中，实际上已经自觉或不自觉地在利用或者说是借助昌平的文化资源特色和自身历史文脉而谋求自己的发展，这期间有成功的案例，比如十三陵特区的建制和规划，居庸关长城的修建与开放，这些项目和谋划，通过昌平旅游业水平和质量的提升，进而推动了昌平的经济发展，提升了昌平的知名度，增加了昌平的文化内涵，是昌平区在立足自身文脉和独特区域文化特色谋划经济社会发展中，难能可贵的精彩和亮点。然而，不能否认，在过去的立足自己的文化资源而求得发展中，也不乏败笔和灰色记忆，比如至今让我们不愿多提的老北京微缩景园，甚至也包括明皇蜡像宫等，这实质上反映出对自身文化特色和文化建设、文化发展规律的认识水平存在着明显的不

足，远远没有达到区域文化发展需要的水平和层次。

（三）文化事业发展历史欠账过多、投入不足

昌平区在统筹利用文化资源实现发展的过程中，突出表现出文化事业的历史欠账过多，受自身财力所限，对文化事业发展的投入不足。特别是昌平区在改革开放以来，在北京市的整体发展布局中，作为重要的城市中心人口的疏散区，承接了大量的北京市中心城区外迁的人口，建成如天通苑、回龙观等超大型社区。由于建设初期的特定原因，这些社区有的基本的文化活动场地都找不到，有的近年来刚刚初步解决了教育和医疗等基本民生需求，满足群众的文化需求还处于刚刚起步的阶段。基层文化设施和投入的不足，与拥有大量群众文化人才资源以及随之持续增高的群众文化活动积极性形成强烈的矛盾和反差。

（四）统筹利用文化资源谋求发展中市场和民间作用发挥不够

昌平区在统筹利用文化资源，谋划区域文化事业和文化产业发展过程中，一直是政府发挥主导作用，从规划制定、项目策划和落实，体现了鲜明而强力的政府作为。如何更好地发挥市场在文化产业发展中的作用，如何在政府积极有为的同时，发挥好民间力量的作用，调动非公经济体的积极性，给予他们更好的发展空间是需要解决的课题。特别是调动区域内民间文化人才包括高端文化人才，参与昌平文化建设和文化发展的积极性，是需要解决的问题。

（五）文化建设、文化发展中对"魂"的重视度落后于对"体"的重视度

昌平区在统筹利用文化资源谋求文化建设和文化发展中，不同程度存在对"魂"的重视度不够的现象，比如在北京"文博会"昌平展区，我们为展示昌平的区域文化特色"明文化"而请来百家讲坛的名嘴来主讲"大明书场"，有的名嘴的书说得很生动，然而其中的错误比喻不仅违反历史真实，而且违反科学史观，更违背社会主义核心价值体系，这其中的错误又是普通观众难以听出来的，更确切地说，普通观众因为名嘴的激情演绎而陶醉其中，崇拜万分，因而难分对错；昌平区内媒体长期以来更多地停

留在事情的报道和叙述上，对昌平区委区政府重大政策的有深度的解读和分析欠缺，从而对广大党员领导干部的思想引领作用发挥不足。

（六）科技创新型文化项目与区域文化的融合度问题亟须破解

文化建设和文化发展由资源依赖型向科技创新型跨越，这是世界上许多国家和地区实现国家和区域文化特别是文化产业可持续发展走过的成功道路。昌平区目前在这方面的探索无疑是借鉴世界成功经验的宝贵尝试，也是大胆的创新之举。但是，科技创新型文化项目，在为地区赢得美誉度和经济效益的同时，必须实现与区域文化的深度融合，才能获得持久的生命力。昌平目前的重大文化项目如魔术大会、未来文化城的若干项目，均面临着如何与昌平区域文化实现深度融合的问题。这是做大做强文化产业和文化项目，实现可持续发展必须解决的问题。

（七）规划和蓝图落实的连续性和力度存在一定程度的不足

近年来，昌平区谋划文化建设和文化发展的蓝图和规划，一直处于不断完善、不断创新过程中，这是十分必要的。但是，也应该看到，规划和蓝图在实施过程中不同程度存在后续落实不到位，推进乏力的情况，一些规划至今还停留在概念上。一方面是因为完成规划所需的客观条件一时难以具备或一段时间内工作热点和重心的偏移导致，另一方面更是由于区主要领导或主管单位主要领导的轮换带来的注意力和关注点发生变化所致。科学解决规划落实的连续性与执行力问题，是一个亟待解决的大问题。

三、昌平区统筹利用文化资源的思考与建议

（一）尽快树立文化资源和文化发展的统筹意识和统筹思维

首先必须树立文化建设和文化发展正确的观念意识，在实际工作中真正把文化建设和文化发展提到应有的高度，警惕新时代条件下的"文化搭台、经济唱戏"现象的出现，防止新时代条件下的单纯为经济增长而利用、扭曲文化的现象出现，更要避免把文化项目和文化创意产业变成或单纯或变相的拆迁。在此基础上全区各级干部应该树立起对文化资源的统筹发展意识和统筹发展思维，掌握统筹利用文化资源的科学方法，破除单个

上项目、干事情、谋 GDP 增长的状况，实现区域文化事业和文化产业的科学发展。

（二）提升对文化建设和文化发展的规律性认识，准确定位科学研判区域文化特色

统筹利用文化资源谋求发展，要求对区域文化资源和特色必须有理性而清晰的认识，对市场和群众文化需求有精准的研判，对文化项目、文化产业规律和前景有科学的分析，在实事求是地找准区域文化特色的基础上，尊重并准确把握文化及文化经济发展的规律，避免盲目地照搬照抄别人的模式。因为在当下推动文化经济的发展中，政府扮演着主角或重要的角色，政府上的任何一个项目、做的任何一个决策，都关系着地区经济社会发展的大局，因而，必须记取"橘生淮南则为橘，橘生淮北则为枳"的道理，这一点在昌平区推进明十三陵历史文化创意产业聚集区等项目的建设时，尤为重要。

（三）必须首先做好文化事业和文化产业两个方面的统筹协调发展

昌平区要注意的是在做大做强文化产业的同时，文化事业发展必须跟进，特别是基层文化建设。从昌平的实际来看，短期的关键是政策和政府财力的投入。通过加大对基层公共文化设施的投入力度，尽快改变基层文化建设薄弱和落后的局面，将已有的规划如"一心五团多支撑"的公共文化服务设施网络建设真正落实到位。在此基础上，培育出更多深入文化建设内里有着自己鲜明文化主题和内容的村或社区。长期的关键则是观念意识、人才和体制机制的进步与优化。必须解决镇街一级领导干部对文化建设重要性认识不够和浅表化的状况；解决基层文化人才严重匮乏的现状；加快体制机制和区域文化生态的改进与营造，在基层文化建设中走出一条属于昌平的有着自己鲜明特色的文化建设与文化发展之路。

（四）准确把握积极培育区域文化之"魂"，以之为统帅做好区域文化资源的统筹利用

对于昌平区来说，当前迫切需要解决的是：其一，说明昌平文化建设

与文化发展中的"魂"是什么；其二，昌平在今后的文化建设和文化发展中，要不要打明文化牌，明文化是不是昌平"文化立区"里的文化内容，如何阐释明文化与现代昌平的关系，是用明文化代表昌平作为文化名片，还是应有属于现代的既符合社会主义核心价值体系、社会主义核心价值观、北京精神，又具昌平区域特色的文化名片；其三，昌平区的新闻媒体的文化宣传工作，非常迫切地需要提升内涵和深度，提升对昌平区委区政府重大政策的有深度的解读和分析，通过运用自身各种媒体，实现文化的铸魂工程。

（五）必须充分发挥政府、民间、市场各方作用，充分调动社会各个方面的积极性

谋划区域文化发展，必然要求实现文化创新与科技创新的双轮驱动。在以文化和科技的创新去抢占经济发展的制高点的过程中，仅仅依靠央企的高端产业和高端人才或一味地政府主导打造一系列文化创意产业及其聚集区还远远不够，我们必须在文化创意产业的发展中，在文化事业的建设和发展中，营造更好的政策空间，在政府充分作为的同时，充分发挥民间和市场的作用，使昌平区涌现出更多的像宝贵石艺那样的文化创意产业，涌现出自己的特色文化品牌、特色文化社区、特色文化村。

（六）必须全面提升现有领导干部发展文化事业和文化产业的能力

以昌平区领导干部队伍的现状来看，懂文化建设和文化发展的干部，能够胜任文化事业和文化产业部门工作的领导干部，是比较欠缺的。因而全面提升现有领导干部发展文化事业和文化产业的能力，是当务之急。为此，必须通过培训和学习全面提高广大领导干部的文化素质，拓宽文化视野，培养文化思维，树立思考和分析问题的文化角度，只有这样才能解决文化建设和文化发展中的一系列问题，才能做好统筹利用昌平区文化资源这篇大文章，才能实现昌平文化强区的奋斗目标。

（七）以法治化的思路尝试建立确保规划落实的体制机制

规划的难落实与频繁变动问题，在中国是一个涉及面很广的带有普遍

性的问题,在昌平区表现也很突出,不解决这个问题再好的规划也是一纸空文。必须破解由于主要领导和主管领导的变动及其兴趣的转移,导致规划形同虚设的问题。这对于昌平区文化建设和文化发展至关重要。必须尝试以法治化的思路,建立保障落实的体制机制,如中长期规划经过科学论证后,经区人民代表大会讨论通过,任何人不能随意更改,即便是主要领导变更,也要保障规划的执行和落实。

（2014年北京市委党校科研协作课题,
项目编号：2014DXXZ016）

昌平区文化建设与文化发展若干问题的思考

研究与思考昌平区文化建设与文化发展问题,对于基层党校的教师来说,似乎是一个越位的大题目；然而对于一名心系国家有着深刻的忧患意识的人来说,却又是顺理成章的。昌平区在改革开放以来30多年的发展中,文化建设与文化发展取得了显而易见的成就,乘着党的十七届六中全会的东风,昌平区在未来的发展中,对文化建设与文化发展有着自己锐意进取的谋划和布局。反思过去的成就与问题,求得未来迈上新阶段的科学发展,是我们应该而且必须做的工作。

因为此课题涉及的领域很广,其中每一个小的分支都可以成就一篇文字可观的文章或报告；因为笔者的着力点不在于微观,笔者的着眼点在于从宏观的角度去透视去反思去发现昌平区文化建设与文化发展的问题；因为笔者的风格和想法,更想以单刀直入的方式摒弃废话和套话去表达自己的思考；因而本文呈现出来的状况是,摒弃了严格的程式化的调研报告的写法,回归本真的研究与思考,所有内容均以问题呈现。研究是无禁区的,思考是无止境的,形式是因内容而灵活多样的。

一、关于"文化立区"的思考

昌平区委在2011年召开的区四次党代会上,明确提出了"文化立区",这是昌平贯彻十七届六中全会精神,谋求昌平社会主义文化大发展大繁荣,谋求建设文化强区的重要举措,体现了区委对文化建设与文化发展的崭新理念,更体现了高度的文化自信、文化自觉与文化自强,无疑,这是指导昌平未来发展,无论是经济还是社会乃至更广领域,非常重要而难得的理念。

四次党代会的报告对于"文化立区"的阐述如下:"树立文化立区的发展理念,发挥文化引领风尚、教育人民、服务社会、推动发展的作用,梳理昌平历史文脉,弘扬城市创新精神,打造特色文化品牌,增强区域发展软实力。"在报告中还提出了贯彻"文化立区",推动昌平文化大发展大繁荣的三方面任务:其一,"巩固团结奋斗的思想道德基础。坚持用马克思主义中国化最新成果教育群众,用中国特色社会主义共同理想凝聚人心,大力弘扬以爱国主义为核心的民族精神、以改革创新为核心的时代精神和以"爱国、创新、包容、厚德"为核心的北京精神。要用昌平发展的奋斗目标和美好前景动员干部群众,激发起干部群众干事创业的热切愿望,引导干部群众积极投身于当前大建设、大发展、大转型的艰巨任务,在科学发展的火热实践中建功立业。坚持以文化人、以德育人,树立和践行社会主义荣辱观。推进公民道德建设工程,深化群众性精神文明创建活动,广泛开展志愿服务,拓展各类道德实践,形成良好的社会风尚和人际关系。"其二,"完善公共文化服务体系。积极构建政府主导、社会参与的公共文化服务体系,保障群众基本文化权益,满足城乡群众多元化、多层次的精神文化需求。加强文化基础设施建设,完善'一心五团多支撑'的公共文化服务设施网络,建设一批标志性的公共文化设施。广泛开展公益性文化活动,提升公益性文化组织服务水平。实施文化精品战略,扶持文化团体和品牌活动,推出具有鲜明昌平特色的优秀文化作品。创新文化工作体制机制,强化文化市场监管,建设高素质文化人才队伍和文化志愿者队伍,鼓励引导社会力量参与公共文化服务。"其三,"发展特色文化创意产业。推进文化创新与科技创新有机融合,实行科技带动和重大项目带动,发展新兴创意产业集群,形成双轮驱动的发展模式。加快推进明十三陵历史文化创意产业集聚区、汤泉古镇旅游文化产业功能区、昌平新城文化创意产业园、京北数码港等创意新区建设,促进文化与相关产业融合,形成多领域、多业态的文化创意产业发展格局。"

然而，对于"文化立区"的内涵与意义，党代会之后，系统而全面准确的阐述不够，通过媒体准确宣传而让各级领导干部和广大群众准确理解把握不够，实践中就难免流于口号化、表面化、现象化的理解和贯彻。

第四次党代会的表述，堪称昌平区"文化立区"的最高表述，然而，仅仅停留于此还远远不够。"文化立区"是一个新理念，必须清晰明了地解读给基层，解读给干部群众。"文化立区"，必须回答其中的文化内涵是什么，我们要以什么样的文化立什么样的内容。因而，我们必须明确地指出，"文化立区"的理念在内涵上，至少应该包含三个层面的内容和意义：第一，是通过文化建设铸造发展的精神动力。昌平未来的发展必须有文化提供的精神支撑。昌平应有自己的区域文化理念，有自己的心态文化，符合北京精神，贯彻社会主义核心价值体系。从而充分发挥文化引领风尚、教育人民、服务社会、推动发展的作用，形成意识形态导向正确、共同思想道德基础巩固、团结奋斗奋发有为的精神状态良好的局面。最终提升区域发展的软实力。第二，是通过文化产业发展实现文化创新与科技创新的结合而谋求昌平经济做大做强。在昌平未来的经济社会发展中，文化产业应成为带动昌平经济社会发展的重要引擎和增长点，通过梳理昌平历史文脉，培育和扶植昌平自己的文化创意产业，打造昌平特色文化品牌，最终在提升区域发展软实力的同时，增强区域发展的硬实力。这是顺应国家、北京文化发展战略，契合昌平实际的战略选择。第三，是塑造鲜明而有特色的昌平区域文化形象。通过各种方法和途径，一方面着力展现昌平深厚的文化底蕴和悠长的文脉，另一方面着力展现现代昌平开放包容的新时代风貌，从而展现昌平良好的人文内涵，进一步提升昌平的对外影响力和知名度，打造昌平对外交流的文化名片，树立昌平良好而独特的文化形象。

准确地把握了"文化立区"的三个层面的内涵与意义，在推动昌平区未来的发展中，特别是在推动昌平的文化建设与文化发展中，我们就找到了着眼点和路径，就有了清晰的工作思路，从而也就可以形成清晰的工作格局。这是不仅需要理清，而且需要实际工作环节的跟进才能达到的。

二、关于立足昌平文脉和区域文化特色谋求发展的思考

昌平区拥有深厚的文化底蕴，有着自己独特而悠长的历史文脉，有着独特的区域文化特色，这是昌平历史地理文化和社会风土人情中抹不去的

印记和标识，是昌平赖以生存发展的无法忽视的基础和前提。在一个文化被日益重视的时代，在一个文化经济悄然兴起，并在未来引领社会经济发展，成为经济社会发展的引擎和龙头，为国家和地区的经济社会转型提供驱动力量的时代，悠长的文脉和深厚的底蕴，无疑是难得的优势。

在昌平过往的发展中，特别是在昌平改革开放30多年的发展中，我们实际上已经自觉或不自觉地在利用或者说是借助昌平的历史文脉而谋求自己的发展。比如我们决策的项目比较成功的如十三陵特区的建制和规划，比如居庸关长城的修建与开放，比如明十三陵主要陵园的建设与规划，比如在定陵和北京"文博会"上展示明文化内涵的招牌节目"大明书场"等，这些项目和谋划，通过昌平旅游业水平和质量的提升，进而推动了昌平的经济发展，提升了昌平的知名度，增加了昌平的文化内涵，是昌平区立足自身文脉和独特区域文化特色，谋划经济社会发展中难能可贵的精彩和亮点。

然而，不能否认，在过去的发展中，立足自己的文脉而求得发展中，我们也不乏灰色记忆，比如至今让我们不愿多提的老北京微缩景园，甚至也包括明皇蜡像宫等。这些在今天看来完全可以归为文化项目的景观，至今还在那里矗立着，不断地带给我们回味与反思，也足以让我们，无论是政府还是民间，在规划任何一个影响昌平未来发展，牵动较大区域百姓生活的项目时，引以为戒。

这就说明，简单地找到自身的区域文化特色还不等于成功。对区域文化特色还必须有理性而清晰的认识，有准确而深刻的判断，有对群众文化需求的精准的研判，有对文化项目、文化产业规律和前景的科学分析，有对自身文化特色和文脉的优势与劣势的自知，有学习和模仿别人的勇气之上的清醒，等等。如果在当年文化景观一片造假的浪潮中，人们能够认识到，在守着北京城众多名胜真迹的前提下，营造出一个微观的、没有活生生的北京人生活气息的景观场景，终归会在人民群众不断提高的审美意识与审美需求的挑战下，变得无人问津。教训是深刻的，在迎来文化大发展大繁荣的时刻，在我们满怀信心地谋求以一个个文化创意产业的集聚来实现地区经济社会的跨越式发展时，我们必须时刻提醒自己，对自身的文化特色、对昌平的文脉，我们是否有了透彻的了解和把握，因为它不仅会带给我们发展的助力，也会带给我们发展的陷阱。

三、关于实现昌平文化经济科学发展的思考

科学发展观提出并作为我国经济社会发展的重要指针已经快十年了,党的十八大更是将科学发展观提升到党的指导思想的新高度。在农业经济、工业经济、商业经济之后出现的文化经济,是一个全新的经济形态,它充分地反映了当今时代文化经济化、经济文化化的潮流和走向,是一个包括文化事业、文化产业、文化消费等诸多内容的新型经济。文化以及文化经济的发展当然有其发展的特性与规律,因而,文化与文化经济必然存在着必须科学发展的问题。

从实践的角度看,实现文化与文化经济的科学发展,首先,要做到实事求是,找准区域文化的特色,尊重并准确把握文化及文化经济发展的规律,避免盲目地照搬照抄别人的模式,要紧密结合自身的情况,充分认识自身的优势与劣势,因为在当下的推动文化经济的发展中,政府扮演着主角或重要的角色,我们上的任何一个项目、我们做的任何一个决策,都关系着地区经济社会发展的大局,因而,必须记取"橘生淮南则为橘,橘生淮北则为枳"的道理,这一点在我们下一步推进如明十三陵历史文化创意产业聚集区的建设时,尤为重要。

其次,要实现文化的科学发展,我们必须充分发挥政府、民间、市场的多头作用,充分调动社会各个方面的积极性。要实现文化经济的科学发展,就要实现文化创新与科技创新的双轮驱动,笔者认为,仅仅依靠央企的高端产业和高端人才或一味地政府主导打造一系列文化创意产业及其聚集区还远远不够,我们必须在文化创意产业的发展中,在文化事业的建设和发展中,营造更好的政策空间,在政府充分作为的同时,充分发挥民间和市场的作用,使昌平涌现出更多的像宝贵石艺那样的文化创意产业,涌现出自己的特色文化品牌、特色文化社区、特色文化村。

最后,实现文化及文化经济的科学发展,必须正确认识和处理文化与经济的关系。在中国改革开放30多年的发展中,对文化与经济的关系,长期存在着一个错误的倾向和做法,叫作文化搭台、经济唱戏,它主导了过去的发展,许多地区在以文化为载体和媒介以谋得经济的增长和GDP的上升的同时,文化也得到了扭曲、断裂或异化,甚至历史、文化符号、文化名人等,一切都服务于"拜金主义",显然是违背科学发展的,也是不可

持续的。我们必须警惕新时代条件下的"文化搭台、经济唱戏"现象的出现，必须警惕新时代条件下的单纯为经济增长而利用、扭曲文化的现象出现，更要避免把文化项目和文化创意产业变成简单的拆迁；我们未来的文化经济的发展应该是在文化与经济互生共荣前提下的有着更多文化内蕴和文化力量的发展，是文化经济发展的高级形态。

四、关于区域文化建设与文化发展中的"体"与"魂"的思考

文化和我们所说的文化经济具有双重属性，即精神属性和商品属性。当代中国文化之魂，就是社会主义核心价值体系和社会主义核心价值观；当代中国文化之体，则包括公共文化服务体系、文化产业体系、国民教育体系以及各种形式的文化产品和文化服务。无论是文化事业还是文化产业都是承载社会主义核心价值体系的体，都肩负着传播社会主义核心价值观不可推卸的责任，一切文化产品只有生动体现社会主义核心价值体系这个魂，才有精气神。

我们在实践中经常出现两种错误倾向：其一是只注重体的发展而忽视魂的贯彻，甚至用错误的魂去取代社会主义核心价值体系之魂；其二是只注重魂而忽视体的生动、强大，使得魂最终无法体现和贯彻。然而，比较二者，第一种情况显然是当下最为普遍的。

以此来检讨昌平区的文化建设和文化发展，不难看到，我们也存在着或多或少、或轻或重的问题，比如在北京"文博会"昌平展区，我们为展示自己的区域文化特色"明文化"而请来百家讲坛的名嘴来开办"大明书场"，名嘴的书说得很生动，然而开场的错误比喻不仅违反历史真实，而且违反科学史观，更有悖于社会主义核心价值体系，这其中的错误又是普通观众难以听出来的，更确切地说，普通观众因为名嘴的激情演绎而陶醉其中，崇拜万分，因而难分对错；在昌平区有的部门的政策和业务培训中，甚至出现请来的专家带着错误的思想倾向，对学员输送负能量，年轻人浑然不觉；等等。

因而，在区域文化建设和文化发展中，在注重文化的各种"体"的做大做强的同时，如何关注"魂"的建设与培育，是摆在我们面前的迫在眉睫的课题。由此引申出需要思考的一系列问题，诸如：其一，昌平的文化建设与文化发展中，我们的魂究竟是什么？它应该是名胜古迹、文化产品

的文化内涵，是北京精神与社会主义核心价值观，是昌平人的良好的精神风貌和文明举止，是开拓进取的生活态度与行为方式，等等；其二，如果说昌平在今后的发展中，打明文化牌，明文化是不是我们文化立区里的文化内容，我们如何阐释明文化与现代昌平的关系，我们是用明文化代表昌平作为文化名片，还是应有属于现代的，既符合社会主义核心价值观和北京精神，又具昌平区域特色的文化名片；其三，我们的新闻媒体的文化宣传工作，需要进一步地提升内涵和深度，我们不仅要有对事情的报道和叙述，更要有对区委区政府重大政策的有深度的解读和分析，充分运用自己的媒体对昌平区党员领导干部进行思想精神的引领，筑牢文化之魂的阵地和桥梁。

五、关于昌平基层文化建设着力点的思考

基层的文化建设是一项长期而艰巨的事业，它直接通向一个个村庄和社区，因而与每一个普通百姓密切相关，找准着力点十分关键。

从昌平的实际来看，短期的关键和着力点是政策和政府财力的投入。因为只有建立起公共文化服务体系，加大对基层公共文化设施的投入，才能尽快改变基层文化建设薄弱和落后的局面，满足广大群众的文化需求，在此层面上昌平区已经有了很好的规划，如"一心五团多支撑"的公共文化服务设施网络建设。

长期的关键和着力点则是观念意识、人才和体制机制的进步与优化。第一个着力点是观念意识。从观念意识来看，文化建设搞得好必须是基层干部的观念意识首先到位。在昌平东小口镇、天通苑地区、回龙观镇的许多社区，因为人口的集聚而拥有大批文化精英，在社区里面成为文化活动开展的主力，社区的干部通常观念意识到位及时，所以群众文化活动开展得风生水起。在昌平区阳坊镇出现的有着鲜明的文化建设主题的村子，是村党支部书记因为对文化建设的重要性有着异于常人的敏感度和超前的战略意识，把文化建设作为占领思想舆论阵地、凝聚人心、净化民风的重要途径而发展起来的，因而其文化活动和文化建设的内容更加深入文化的内里和灵魂。但是从昌平整体看，基层干部和群众对文化的理解和文化建设的认识还停留在表面，文化建设的形式还比较单一，表现为非常基本的形态，对文化的功能认识大部分也未触及实质如文明程度、人的素养、人文

关怀和精神家园。因而在观念意识的培育上,还有许多工作可作。第二个着力点是人才。从全局来看,热爱文化事业的基层文化人才的严重匮乏,使得基层的文化建设短期内无法提高,能否聚集一批热爱文化事业又甘愿从事基层文化事业的人才,是基层文化建设能否取得长足进步的关键,也是搞好基层文化建设的重要着力点。第三个着力点是体制机制和区域文化生态的改进与营造。我们应该营造利于文化建设与文化发展的宽松的环境氛围,营造良好的文化生态条件,为人才的发掘、培养和引进提供体制和机制的保证,最大可能地调动广大人民群众的主动性、积极性,为区域文化发展发挥好政府、社会、民间的积极性,充分发挥政策和市场的作用,使昌平基层文化建设中涌现出来的典型社区、特色村,成长为未来昌平文化发展的名片,走出一条属于昌平的有着自己鲜明特色的文化建设与文化发展之路。

结　语

在对昌平区文化建设与文化发展进行的调研中,由于各种条件的限制,调研展开的面还不够广,进入的程度还不够深,这些因素都在制约和影响着研究者对问题的看法,因而例证、结论和观点难免存在这样那样的疏漏、错误和偏差。

在调研和思考中,最后舍弃了会对自己认识和思考产生重大影响的人,或者说,是放弃了与重大决策制定者和参与者的对话,只想做一次普通学人视角的思考与观察,不罗列任何收集到的相关部门的资料,只想讲出自己的所思所想,这是做本课题的一个立场和出发点,需要说明。

这里还需要再一次说明的是,即便报告中指出问题有时过于激烈,探讨问题有时会因犀利而显得偏颇,但贯穿整个思考过程的是一个怀着深刻的忧患意识和强烈的责任感和使命感的心,有此拳拳之心,即便是再大的认识分歧,想必也会得到谅解。

(2012年北京市昌平区委党校校级课题)

三、读书与思考

于历史的宝藏中获得腾飞的力量

金一南先生所著《苦难辉煌》一书,自问世以来,获得了广泛的好评。原因正如媒体所赞誉的:这是一部第一本把中国共产党早期历史放在国际大背景下解读的图书,这是一部第一本用战略思维、战略意识点评历史的图书,这是一部第一本可以作为大散文欣赏的历史图书。

记得几年前初读此书,吸引我的是它对历史的独到的思考以及它独到的剖析和揭示历史的方法与文笔。

正如书中描绘,20世纪在世界东方,最激动人心与震撼人心的,莫过于中华民族从东亚病夫到东方巨龙、从百年沉沦到百年复兴这一历史命运的大起大落。在这一命运形成之初,中国共产党、联共(布)与共产国际、中国国民党、日本昭和军阀集团这四大力量,以中国大地为舞台发生了猛烈碰撞。毛泽东、斯大林、蒋介石和昭和军阀集团精英处于同一时代,他们身后所代表的三种主义在中国的冲撞与较量绝非历史巧合。此书从这些非凡事件和非凡人物入手,对错综复杂、扑朔迷离、恢宏壮阔的这段中国现代史进程,进行了前所未有的全景式揭示和深入剖析。内外矛盾冲突空前尖锐,相互斗争局面极其复杂,各派力量的策略转换空前迅速;每一方的领袖和将领皆在较量中淋漓尽致地展现自己全部能量,从而在历史中留下深深的印痕。外部的围追堵截,内部的争论与妥协、弥合与分裂,以及不尽的跋涉、惊人的牺牲、大量的叛变,中国共产党正是经历了如此的地狱之火,带领中华民族探测到了前所未有的历史深度和时代宽度,最终完成了中国历史中最富史诗意义的壮举,中国革命也由此成为一只火中凤凰,从苦难走向辉煌。视野之大、思考之深、极富智慧、饱含战略,兼具思想家与战略家的风范,是我所读过的历史书籍中所不多见的,此书淋漓尽致地体现了马克思主义哲学唯物史观观察分析问题的精髓与内蕴。作者那气势恢宏的文笔,宏大深远的视野与思维,闪烁在字里行间的深刻的思想哲理与真知灼见,对于历史敏锐的洞察与剖析，不仅深深地吸引了我，更是让我产生了长久的思想共鸣。

再读此书，是在了解了史学界对该书的一些批评之后。几年的时间过去，和所有的书籍一样，作为一部书写中共早期历史的图书，该书经历着读者和史学界的检验。其间，如著名现代史专家杨奎松对该书收集、运用和使用史料方面基于史家治学的严谨指出了不足和疏漏，等等。带着史学界的客观的批评和质疑，我重读了此书。在重读中重新检视自己，重新检视此书。在这样的重新检视中，一个问题一直萦绕在我的内心，那就是：为什么被史学家批评的一部书却获得了普通读者如此的喜欢？

一部书的走热，正如一首流行歌曲的走红一样，不是无中生有凭空而来的，恰恰是它们在一定程度上表达出了当下社会人们或希望、或困顿、或忧虑、或愤懑……的内心情绪与思想，是因为表达了人们内心的精神需求。以此反观《苦难辉煌》，作者在书中所展示的，支撑中国共产党人在前赴后继、流血牺牲的不屈奋斗中，战胜困难走向辉煌的精神力量——理想和信仰的力量，正是当下的中国极其匮乏和极其渴望的。回望90年的艰辛历程，中国共产党成立之初仅有几十名党员，却只用了28年时间，就取得了全国政权，靠的是理想和信仰的力量。中国共产党90年风雨历程书写的可歌可泣的英雄篇章里，理想和信仰是战胜苦难走向辉煌的决定因素。因为有不朽的信仰，大革命失败后的共产党人毅然擦干净身上的血迹、掩埋好同伴的尸体，前赴后继继续战斗；因为有坚定的信念，长征中的共产党人舍生忘死、不畏牺牲，向世人证明精神的质量足以改变个人与世界的命运，也可以决定民族与国家的兴衰。90年的中国共产党向世人证明了，拥有理想和信仰的制高点最终才成就了中华民族伟大复兴的宏大叙事的使命和担当。今天，在一个物质生活日益富足的时代里，在一个中华民族为了实现伟大复兴的中国梦而奋斗的征程上，我们更加需要拥有走向辉煌的精神力量。这就是我在再次阅读中找到的读者喜欢此书的深层原因。

像鸟爱自己的翅膀一样深爱自己的历史，到历史的宝藏中去获得未来腾飞的力量和不灭的精神，这便是作者写作本书的目的。愿读过此书的所有人都和作者一样，对国家的崛起和民族的复兴满怀深刻的使命感和责任感,对历尽苦难走向辉煌的中国共产党的事业保持强烈的忧患意识和奉献精神,为了中华民族伟大复兴的中国梦的实现拥有不朽的信仰、不灭的精神和永恒的信念。

(2013年10月18日《昌平报》)

以苏共为镜鉴的反思

黄苇町先生是经济学家,但他同时被誉为著名党建研究专家和反腐理论研究专家,在社会各界拥有很高的知名度。2001年在苏共亡党10年之际写作出版《苏共亡党十年祭》,2013年在苏共亡党20年之后写作出版《苏共亡党二十年祭》。

在《苏共亡党十年祭》面世的21世纪之初,人们将苏联解体、苏共亡党的原因主要归结于苏联高度集中的政治经济体制——斯大林模式,即便有其他原因的分析和探讨,这也被研究者们列为首位的原因。但在《苏共亡党十年祭》中,黄先生却尖锐地指出:苏联共产党不仅是被国内外的反共势力搞垮,还被它一直代表的工人阶级和苏联人民抛弃,苏共垮台、苏联解体更是苏共党内产生的既得利益阶层在国家制度及发展道路上做了有利于自己的选择,而被自己声明代表的工人阶级和苏联人们抛弃,是导致苏共亡党的决定性因素之一。这样的观点可谓振聋发聩。该书出版后,引起社会各界的强烈反响,作为作者,黄先生由此享誉社会。

《苏共亡党二十年祭》是作者于2011年苏共亡党20周年之际在国家行政学院的首场报告基础上写成的,成书是两年之后的2013年了。此时,正是中国共产党建党90周年,各种苏共亡党研究著作应时而出。最有代表性和最有影响力的观点是:赫鲁晓夫在苏共二十大全盘否定斯大林,是苏联由盛到衰的转折点;戈尔巴乔夫把一切归罪于"斯大林模式",脱离、背叛马克思主义,导致苏共的最后垮台。然而,黄苇町的思考远未停留于此,在《苏共亡党二十年祭》中,黄苇町指出:"把一个执政七十多年、拥有近两千万党员大党的崩溃,归罪于'两个叛徒',也有些简单化。"他说，恩格斯总结1848年革命失败教训时，曾说过一段极精辟的话："当你问到反革命成功的原因时，你却到处听到一种现成的回答：因为这个先生或那个公民'出卖了'人民。从具体情况来看，这种回答也许正确，也许错误，但在任何情况下，它都不能说明任何东西，甚至不能说明，'人民'怎么会让别人出卖自己。"显然，"这些原因不应该从一些领袖的偶然的动机、优点、缺点、错误或变节中寻找，而应该从每个经历了动荡的国家的总的社会状况和生活条件中寻找"。"如果一个政党的全部本钱，只是知道某某公民不可靠这一件事，那么它的前途就太可悲了。"据此，黄苇町指出，问题虽然出在少数领导人身上，深层原因，还是要从体制和机制、从这个党和人民群众关系的变化中去寻找。这样力透纸背的剖析，不仅使其卓越于同类研究，而且也更具警示价值和镜鉴意义。

正是基于上述认识和思考，承继《苏共亡党十年祭》中的观点，作者在《苏共亡党二十年祭》中，对苏共败亡的教训进行了更为深刻的思考和挖掘。纵观全书，"心中没有人民，必被人民抛弃"是贯穿始终的灵魂。苏共从一个在血与火的战争中依靠人民支持获胜的党，变成和平年代被绝对权力腐蚀的党；从一个用先进理论武装、团结和引领群众前进、不断改革创新的党，变为落后于时代要求、思想僵化、鼠目寸光的党；从一个与人民群众保持血肉联系、生死与共的党，变成与人民群众疏远、隔离甚至对立的党；从一个为无产阶级和人民大众而牺牲奋斗、奋不顾身的党，变成被既得利益集团所把持、以权谋私的党。当苏共早年积累的人气和人脉、信心和信任，被逐渐耗尽，甚至透支；当人民对这个党的期待，从满怀希望变为一次次失望，最后变为绝望，它也就走到了自己生命的尽头。苏共走过的历程，鲜明而庄重地告诫我们，作为执政党的最大政治危险是脱离群众，因而，必须保持党和人民群众的血肉联系也就成为该书带给中国共产党人的最大警示。

历史有时往往充满了巧合，历史的巧合中又孕育着某种深刻的内涵。正如人们感叹的，在人类历史上，很少有这样两个时间如此贴近、意义全然相反的纪念日。苏共亡党的1991年，正是中国共产党建党70周年；中国共产党纪念建党80周年之时，正是苏共亡党10周年；在中国共产党庆祝建党90周年的时候，苏共亡党已经20周年了。这一荣一辱，一兴一亡，必然成为人们长久不衰的话题，更让励精图治、锐意进取引领中华民族伟大复兴的中国共产党不能不长久地思考。正如黄先生所说，20多年来，对苏共失败原因和教训的从未停止探究，最庞大的研究群体在中国。这无疑是一场持久的以苏共为镜鉴的反思，在研究苏共的过程中对照检查自己，寻找自己机体上的"病灶"。这是难能可贵的清醒，是极具责任感和使命感的高度的历史自觉。从"八项规定"、群众路线教育实践活动、强力反腐、全面深化改革……我们看到了新的中央领导集体的使命意识和担当精神，有了这种清醒、自觉和担当，历史曾经的悲剧，一定会以历史的巨大进步来补偿。

(2014年6月11日《昌平报》)

重新认识邓小平和他的时代

2014年是邓小平诞辰110周年。上至政界学界下至底层草根民间，在对邓小平的纪念以及功绩遗产的广泛而热烈讨论中，有一本书是必须提及且无法忽略的，这就是美国哈佛大学傅高义教授倾十年之心血写作的《邓小平时代》。

傅高义是哈佛大学费正清东亚研究中心继费正清之后的第二任主任，被认为是美国唯一的一位对中日两国事务都精通的学者，在哈佛有着"中国先生"的称号，更是美国继费正清之后的著名汉学家和中国问题专家。

《邓小平时代》是傅高义教授倾十年心力完成的权威巨著，该书不仅对邓小平跌宕起伏的一生作了完整回顾，更对中国惊险崎岖的改革开放之路做了全景式的描述；在对邓小平个人性格及执政风格进行深层分析的同时，更对中国改革开放的历史进行了完整而独到的阐释，对中国政治、经济及社会转型的历史变局和内在逻辑进行了充分的揭示。书中涵盖丰富的中外档案资料和研究成果，以及为数众多的独家访谈。全书既有对毛泽东、周恩来、邓小平、陈云等人相互关系的细致解读，又有对十一届三中全会、权力过渡、中美建交、政改试水、经济特区、一国两制、邓小平南行、改革开放的幕后曲折等重大事件和决策的深入剖析。该书在学院研究的严谨专精的基础上，更体现了作者对中国现实政治与事理人情的透彻把握，是世界上第一部有关邓小平的完整著作，被誉为邓小平研究"纪念碑式"的著作。自2011年英文版发行后，获奖不断，好评如潮。2013年1月由三联书店引进，在国内正式发行。由此引发了人们对邓小平以及他的时代的重新认识和深入思考。

读过《邓小平时代》，我们会由衷地对邓小平和他开创的改革开放历程心生敬畏。对于当下的中国人来说，《邓小平时代》一书最大的价值，是使我们更加清晰地认知了中国社会发展所走过的道路，重新认识我们从哪里来，向何处去；弄清今天的中国为什么是这样的，明天的我们将会怎样。正如三联书店总编辑李昕所说："我们有足够的理由认为，今天的中国，仍然处在邓小平时代。所以，这部以邓小平时代为主题的书能够告诉读者中国的发展道路从哪里来、向何处去，可以帮助读者理解我们所亲历的中国改革时代的昨天和今天。"邓小平深刻影响了中国历史和世界历史的走向，也改变了每一位当代中国人的命运。解读邓小平的政治生涯及其行为逻辑，就是解读当代中国，解读中国人个人命运背后的历史变局。尽管保持客观中立的态度，傅高义对邓小平的成就还是推崇备至的，他写道：邓小平引导中国完成了从落后、封闭、僵化的社会主义制度走向一个有国际影响的现代化经济强国的艰难过渡；假如中国人要感谢某一个领导人改善了他们的日常生活，这个人就是邓小平；在为改善如此之多的人民的生活做出的贡献方面，20世纪没有其他领袖能够与邓小平相比。我们可以这样说，读这本书最大的收获就是让内心慢慢平和下来，通过阅读《邓小平时代》，深刻理解中国特色社会主义道路及其发展阶段，理解邓小平为代表的前辈的努力，从而在面对贫富差距、腐败盛行等社会问题时，不再相信所谓社会公知道貌岸然的指责和批评，理解了包括民主在内的许多问题，需要我们实事求是地结合中国国情而不是照搬西方一切地去解决。正是在这个意义上，傅高义的《邓小平时代》让我们对邓小平和他开创的改革开放历程心生敬畏。在改革开放以来一定程度上一直存在的对邓小平及其引领的改革开放评价不一认识混乱的背景下，我们没有想到的是，一个美国学者的著作解决了深深困惑当代中国人的思想问题。

读过《邓小平时代》，我们还会对作者产生深深的敬意。傅高义写作《邓小平时代》，可谓秉烛夜话，从70岁到80岁，他花了整整10年时间，以世界眼光来思考现代中国进程。我们首先领略的是他治学的严谨。作者不仅阅读了大量的当代中国档案，特别是中国过去15年公开的历史材料，而且深入广泛地访谈了邓小平子女以及诸多不同背景的中国高层及其子女、秘书、学者等，收集了大量一手资料。其次我们更会惊叹于他视野的开阔。作者不仅是著名的学者，更曾有在美国政府担任东亚事务顾问的身份，这些阅历和经验使得他对《邓小平时代》的写作既保持了学者的专业素养，又能超越学院的限制，而从政治经验、政治智慧的角度理解邓小平的政治实践。当然更主要的，我们可以深深地体会到作为一代大家的责任、使命和情怀。正如傅高义教授在中国版序言中所说，我们这些哈佛大学的教师，不仅有教导自己学生之责，还有进行研究以增进学识和为公众撰文著书之责。于是，2000年，70岁的傅高义从哈佛大学退休，他决定帮助外国人更好地了解中国，重要的是了解中国历史，特别是自1978年邓小平开始领导造就的当下中国一系列进程的历史，了解对中国现代历程造成最大影响的邓小平。正是这样，这本起初是为西方人写作的书，如他所愿，也成为中国人认可的理解改革开放时代的严肃的尝试。严谨的治学、开阔的视野以及饱含使命感的情怀，足以让人们心生敬意。对比之下，我们多么希望当下中国也出现十年磨一剑的鸿篇巨制，多么希望我们对国外的研究可以达到《邓小平时代》对中国研究如此深厚而入理的水准，我们更希望看到的是，研究当下中国问题与历史的巨著，是出自中国本土的学者，希望这样的学者达到傅高义《邓小平时代》的高度和境界，希望他们既是中国的，也是世界的。

我们还处在邓小平时代吗？下一个时代将会属于谁？这是读过此书我们应该思考的问题。中国共产党的十八大之后，新一代领导核心习近平总书记首先考察了广东，重走邓小平南行之路，表明了继续改革开放的决心。十八届三中全会对全面深化改革作了顶层设计，四中全会为实现国家治理现代化做出了全面推进依法治国的决定……因此，我们可以说，我们仍然处于邓小平时代，我们也正在走出邓小平时代，而步入一个崭新的时代——习近平时代。

(2014年11月28日《昌平报》)

所谓的不朽，就是在后代的心中引起共鸣

想对顾准和他的《从理想主义到经验主义》一书写点什么，已经有很长时间了。迟迟没能完成，一方面是因为读顾准生平及其著作带来的思想与灵魂深处的震撼与撞击，太强烈又太多元，一时难以理出清晰的脉络；另一方面则是由于对顾准这样一位"中国知识分子的精神偶像""中国知识分子的良心""点燃自己照破黑暗"的思想家，他的人格境界与他的思想深度，深恐难以理解和把握到位。

初读顾准及其著作，是缘于20世纪90年代中后期的那场席卷全国知识界的顾准热。直接的诱因则是，著名经济学家吴敬琏当选CCTV年度经济人物接受央视采访，畅谈人生和学问之路时，大量的篇幅是讲导师顾准及其思想对自己的影响，这个被誉为"中国市场经济改革的先驱"和"中国知识分子的良心"的学者，在学问和人格两个方面都受到顾准的深刻影响，用他的话说"顾准改变了我的全部人生"。时至今日，吴敬琏老先生是我敬佩的为数不多的中国学者，正是从这个"脚站在百姓中间，嘴对着领袖的耳朵"的学者身上，他的追求、他的精神、他的人格、他的境界，我初步读懂了顾准及其思想。然而，最终决定要完成这篇对顾准及其著作思考的短文，却是因为非学问和思想方面的原因。不久前，在偶然的时间和地点，撞见张艺谋执导的电影《归来》上映前的宣传海报，蓦然间瞥见那上边陈道明主演的男主角的形象，心中一惊：这不是要演顾准吧?!当然，这只是我一时的幻觉，顾准要是搬上屏幕，实在太难，谁有把握能够准确而充分地反映他的精神和思想呢?!然而，这样的一惊，让我开始了对顾准及其思想的再次的研读和思考。

最贴切、最恰当地概括研读顾准及其著作的思考和体会，我认为是"不朽"——顾准的思想和顾准的精神是不朽的。萦绕于心的问题是：顾准的思想和顾准的精神能够在我们今天的时代引起真正的共鸣吗？这种共鸣又是否能够变成人们身体力行的实践而改变我们的社会，推动这个社会的真正的长足的进步呢？

《从理想主义到经验主义》写于1973～1974年，是顾准与其弟陈敏之在通信中的学术讨论笔记。"言必称希腊，其实所言并非希腊，正如言不

及中国实所言全在中国",吴敬琏指出,顾准对一切的研究其实都指向"娜拉走后怎么办?"——无产阶级的革命之后,经济政治向何处去?因而,提出并集中探讨"娜拉出走以后怎样"——即"革命胜利取得政权之后,政治和经济往何处去"的问题,就成为《从理想主义到经验主义》以及顾准大量笔记的中心和主题。书中顾准用严肃的科学态度,不带任何偏见地重新审视和剖析人类迄今为止的尤其是现代社会的全部历史经验,纵横中西、古今、社会主义和资本主义,在此基础上寻找合乎历史逻辑的未来之路,从理想主义坚决地走向了经验主义。可以说,从理想主义到经验主义,不仅是贯穿该书各篇的主要精神和思想,更是顾准一生走过的人生之路,也是中国从革命到今天的建设和改革的历程写照。书中,对基督教、希腊城邦、孔子、老子、西方历史的发展和希腊文明与马克思主义诞生的关系,中国的封建社会为什么这么长,中国为什么不能产生资本主义,法国大革命和俄国十月革命之间为什么有那么多的共同点,不受制约的权力造成的危害,法治和人治的利弊,人民当家作主反映在政体上的恰当形式,等等,都做了非常独到的分析,"言人所未言",对于今天的深化改革,对于中国的民主法治建设,无疑提供了宝贵的思想资源。人们惊叹:对于21世纪的中国人而言,《从理想主义到经验主义》乃是一部先知之书,顾准在几十年前的探索,仍然是我们行进中翘首企盼的方向,熠熠生辉的路标。顾准的思想是不朽的。

同样不朽的还有顾准的精神和人格。爱因斯坦在悼念居里夫人时说过这样的话:"第一流人物对于时代和历史进程的意义,在道德方面,也许比单纯的才智成就方面还要大,即使是后者,它们取决于品格的程度,也远超过通常所认为的那样。"这样的评价放在顾准身上再准确不过了。顾准的人格和精神对于后世的价值与意义,甚至比他的思想成就更重大。顾准一生两次被打成右派,在"文革"那个充满禁锢的年代,冒天下之大不韪,以超乎常人的勇气和毅力坚持自己的研究,提出一系列真知灼见。柴静说,那是一个会把人席卷而去的时代,他怎么能在风暴中趴在地上紧紧扣住这两颗石子,而不被吹走,甚至连气息都不沾染?朱学勤说,黑暗如磐,顾准一灯如豆,在思想隧道中孤苦掘进。中国知识分子,在历尽劫难之后的20世纪80年代开始沉痛的反思,回到的是巴金式的常识"没有神,也就没有兽,大家都是人"。而顾准却在"文革"没有结束的时代,不仅要做一个人，而且对神进行了深刻的批判。李慎之说："有人说，自进入20世纪下半期以后，中国就再也产生不出独创的、批判的思想家了，这话并不尽然，我们有顾准。"在那样一个年代，顾准坚守知识分子的底线，坚守心中的理想和信念，成为20世纪后半期中国杰出的思想家。正如吴敬琏先生所说，顾准是一座巍然屹立的山峰，不管是在天赋聪明才智方面，还是在道德文章，我们不一定都能接近于他所到达的境界。今天，在强大的物质利益裹挟的年代，中国的知识分子能否秉承顾准的精神和人格，超越各种诱惑而守住真理和良知呢？

"所谓的不朽，就是在后代的心中引起共鸣。"这句话是遇罗克的名言。我要说的是：所谓的不朽，更是在后代的心中树起了丰碑，为后世的人们立下了标杆和尺度。柴静曾说："我们也是顾准的后代，能够正视这些问题，才无愧于顾准，才能说几十年来，时代的确是在进步的，两岸猿声空啼而已。"我想说的是：只有真正承继顾准的思想和精神，我们才称得上顾准的后代，才能谈中华民族的进步和复兴，才能完成时代赋予的中华民族伟大复兴的使命和责任。

（2014年9月19日《昌平报》）

历史深处的剖析

2015年是抗日战争胜利70周年，也是甲午战败签订屈辱的《马关条约》120周年。无论是甲午战争还是抗日战争，对于中华民族的影响都是深远而巨大的。120年来，抑或是70年来，我们这个民族一直执着于探寻民族复兴、国家崛起的道路，因而，检讨和反思120年前是什么打败了我们，力图在自省的基础上实现真正的自强，就成为历史留给中华民族的课题和使命。《绝版甲午：从海外史料揭秘清日战争》（以下简称《绝版甲午》）就是产生在这样的历史背景和时代大潮下的一部著作。

《绝版甲午》的作者是澳大利亚籍华人雪珥，是一名非职业历史拾荒者。雪珥一直致力于收藏与晚清有关的海外文物，通过收集和挖掘海外史料，运用国际关系理论，以国际化的崭新视角、跨学科的宽阔思维重新审视中国近代史。与众多专业史学家不同的是，雪珥认为，历史研究，必须具备新闻记者和律师的两种秉性，既要像新闻记者那般敏锐，也要像律师那般挑剔和严谨。正是作者从事过的这两种职业的训练，才能使其从堆积如山的史料中淘出宝贝，也使他不迷信任何既定结论或任何权威。基于上述特质，使得这部《绝版甲午》，为我们揭示了甲午战争中日双方坚船利炮之外的全面较量，从而进一步引发了我们对一百多年来中日国运盛衰的重新审视和思考。

《绝版甲午》致力于在大量的鲜为人知的历史细节中为我们揭露出历史的真相，即通过大量的海外资料（中日各方、政府和民间历史资料）的收集和爬梳，分析、整理和研究，得出了"甲午战争的胜负早已在战前就注定了"的结论。

作者在书中揭示了这样的史实，即甲午战争前的很长一段时间里，日本都以民间的形式向中国派遣大量的能力卓著的谍报人员。这是一个名为"四百余州探险"的上山下乡运动，这些年轻的间谍是自筹经费的日本热血青年，他们扮装成商人、郎中、风水先生甚至乞丐，到处游走，将在华搜集到的政治、军事、经济等情报发回日本，使得甲午战争开始时日本掌握的中国情报比清政府还要翔实。而各地间谍遇到的险情，也就成为甲午战争中谍报工作的一场"实兵预演"，这些年轻的间谍也因为扎实的调查研究，成为深知中国国情的专家。正因为此，甲午战争这场看似势均力敌的较量，日本在开始就拥有了必胜的把握，即战争的胜负早已在战前决定了。

作者进一步指出，在日本来华间谍提供的报告中，最鲜明的就是强调中国的全民腐败，而不只是官场腐败，分析最深刻的是宗方小太郎。宗方小太郎认为腐败的基因遗传自明末，全民丧失信仰，社会风气江河日下，人心腐败到达极点。他说中国本是有信仰体系和精神支撑的，那就是孔孟之道，但是这一立国根基却变成了科举的材料和当官的阶梯，知识分子汲汲营营地钻营此道，无非为个人私利服务，当官之后，就把孔孟之道抛于脑后，"得其位不行其道，而谋营私者也"。宗方小太郎深刻地指出，国家是人民的集合体，人民是国家组织的一"分子"，"分子"一旦腐败，国家岂能独强？中国的"分子"们集体腐败，国家的元气就丧失消亡，这比政策的失误还要可怕，政策的失误尚且可以扭转过来，而国家元气的腐败就"不易返回中道"了。雪珥指出，这样的出自日本间谍之手的对华分析，已经属于战略层面了，这样的分析在当时的日本知识界并不少见，但在中国的历史研究中却很少出现。无疑，这不仅是对战争胜败原因的深层次剖析，也清楚地揭示了战争的胜负早已在战前决定了的结论。

总而言之，作者生动而鲜明地指出了，甲午战争失败的原因，并非仅仅在于经济、科技层面的落后，甚至连清政府的腐朽软弱都不是最重要的原因，当时中国社会的体制、文化、人的精神的溃败，全方位地落后于日本，才是根本原因，而这一切在甲午战争之前就早已存在了。

然而，作者写作此书的目的不仅是要反思甲午战争失败的原因，更重要的是警示当下和未来。它督促我们反省，一百多年前，中华民族自身存在的问题，特别是精神层面存在的问题和缺陷，我们是否已经解决，是否还会在一定条件下像梦魇一样地附体，这是我们必须思考的问题。在对待历史问题上，我们所表露出来的"选择性健忘症"，丝毫不比日本人逊色，在指责对方的同时，却总是对自己的错误和弱点遮遮掩掩，而不做到深刻地自我反省，我们终究就无法避免重蹈历史覆辙。百余年来，乃至可以预见的将来，抗日者在中国永远都不乏其人；值得我们警醒的是，在抗日分子充斥的时代，知日者往往寥寥，更多地了解、学习、分析我们的"天敌"（日本）实在是整个中华民族需要恶补的一门大课。

(2015 年 8 月 12 日《昌平报》)

不朽的文化经典

每一个哲学学科背景的人都受到过冯友兰先生《中国哲学简史》的滋养。而今，在国学热、传统文化热的浪潮里，冯先生这本享誉世界的《中国哲学简史》更是成为人们了解中国哲学和中华传统文化的首选读本。

抗战胜利后的 1947 年，冯先生受聘为美国宾夕法尼亚大学客座教授，讲授中国哲学。其英文讲义经过整理，以《中国哲学简史》命名，于 1948

年由美国麦克米伦公司以英文本出版。之后，被翻译成多种文字在全球发行，一直是世界各大学中国哲学的通用教材，在西方影响很大，成为国外学习中国哲学的经典教科书，更成为国外了解中国文化的必读书。直到20世纪80年代，由冯先生学生涂又光翻译成中文，冯先生亲自指导、审定，北京大学出版社出版，《中国哲学简史》畅销国内学术界。在不断的再版和各个出版社争相出版过程中，该书的影响力逐渐向社会大众层面扩散，乃至被列为"语文新课标深阅读丛书"。作为冯先生哲学和人生思想的结晶，对于当下正在追求文化大国和文化强国梦想的中国人来说，《中国哲学简史》更是难能可贵的、教益深远而丰厚的文化经典。正如学界所共识：在中国现代思想史和学术史上，还没有哪部著作能像冯友兰的《中国哲学简史》这样久传不衰，在世界范围内产生持久而深远的影响。

《中国哲学简史》是一部篇幅很小但思想深刻且通俗易懂的著作。在《中国哲学简史》一书中，冯友兰先生用了20余万字的篇幅，按照时间和时代哲学思潮的顺序，分二十八章，讲述了中国哲学两千多年发展的基本历程和基本问题，介绍了中国哲学主要的流派和人物。冯先生在书中不仅揭示了中国哲学产生的地理背景和社会条件，而且在总体和宏观上分析了中国哲学的特征，更重要的是精辟地阐述了中国哲学的主要精神。篇幅和体量很小，但思想深刻而卓越，语言流畅生动而通俗易懂、引人入胜。有学者评价说，做到这一点的，在世界上还没有见过第二本这样的书。因而，对于中国的诸子百家，你可以不选择一本一本地去读，而是通过读冯友兰的《中国哲学简史》来了解。浙江大学教授董平这样说："看冯友兰先生的《中国哲学简史》，你不必迷失在浩瀚难懂的典籍中，可以轻松地了解，那些令我们景仰的圣人是怎样思考的，他们的主要理论是什么，后来又是怎样发展或是被利用的。"这本书树立了学者著书立说的传世的典范。

《中国哲学简史》是有着自己的思想和理论体系的真正的哲学家讲述的哲学史。冯友兰是20世纪中国少数几个建立起自己的思想理论体系的哲学家和思想家。正如著名作家冯友兰先生之女宗璞所说，《中国哲学简史》是一本出神入化的书，写此书时，其父已有哲学史方面的研究成绩，又创造了自己的哲学体系，两卷本《中国哲学史》和《贞元六书》俱已流传。《中国哲学简史》将两方面成就融会贯通，深入浅出，内行不觉无味，外行不觉难懂。写作《中国哲学简史》的时候，冯友兰已经在中国哲学和中国哲学史领域艰辛而卓越地耕耘了近30年，不仅建立了自己的哲学思想体系，而且对中国哲学的发展了如指掌，因而，自然能够做到把对中国哲学的研究和自己对哲学的领悟融会贯通了，这样产生的著作，成为不朽的经典也就是自然而然的事情了。在世界范围内，作为哲学史的著作不仅畅销而且影响巨大的只有罗素的《西方哲学史》可以相提并论，而同样作为美国宾夕法尼亚大学讲座的讲义，还是冯友兰先生的讲座在先，冯先生从中西文化对比的角度讲中国哲学史，为后者提供了一个成功的样本。

《中国哲学简史》讲出了中国哲学和中国文化真正的精神所在。在《中国哲学简史》中，冯友兰深刻地挖掘中国哲学中具有普遍意义和永恒价值的内容，凸显中国哲学的基本精神。他指出，哲学在中国文化中所占的地位，历来可以与宗教在其他文化中的地位相比。他认为中国文化是两种传统即儒家的"入世"精神和道家的"出世"态度的统一，他将中国哲学之精神概括为"入世的哲学"和"出世的哲学"的统一。中国哲学和士大夫知识分子人人有关，每个人的人格理想都追求"内圣外王"，是理想主义和现实主义的统一。于是，"在平实的社会生活中寻找更高的价值"，就成为中国哲学的精神所在，"以出世的精神做入世的事业"，便成为中国士大夫知识分子的人生态度。韩国第一位女总统朴槿惠深得这种中国文化精神的给养，她说"在我最困难的时期，使我重新找回内心的平静的生命灯塔的是中国著名学者冯友兰的著作《中国哲学简史》"。

最后，关于《中国哲学简史》，我想说的是，不断有学生和朋友向我借阅此书，了解并交流该书的内容和思想，使我既欣慰又感到介绍此书的必要。30多年的改革与发展，伴随着大国经济的崛起，必然会向自己的母体文化去寻根，必然萌生文化强国的梦想，这一切催生了国学和中华传统文化热，促使人们迫切地想了解中华文化和中国哲学的精髓，这是无可厚非的必然。正是在这样的背景下，产生了一批不同学科出身背景的文化学者，他们从不同的领域出发，阐述和介绍中国文化，但是，与历史、文学、艺术等学科比较起来，一国之哲学无疑是处于一国之文化的核心位置，中国哲学是中国文化的精髓之所在，正如马克思所说的"哲学是时代精神的精华"。深刻地领会和把握中国文化之精神,请读中华文化之不朽的经典——《中国哲学简史》,书名虽为中国哲学史,其实更是中国文化史,是中国精神发展史。

(2014年8月13日《昌平报》)

《旧制度与大革命》带来的思考

　　法国历史学家托克维尔的《旧制度与大革命》,是诞生于一百多年前的一本学术性很强的老书,却在当今的中国社会各层面引发了持续的阅读和讨论的热潮。

　　直接的起因是缘于史学学养深厚的中央纪委书记王岐山的公开推荐。王岐山在党的十八大之后中纪委的座谈会上向与会专家学者推荐了这本书,他说,"我们现在很多的学者看的是后资本主义时期的书,我们应该看一下前期的东西,希望大家看一下《旧制度与大革命》"。故此,自2012年年末开始,法国历史学家托克维尔的《旧制度与大革命》在华持续大热,这本写于19世纪中期的老书在市面上几次脱销。然而,究其深层的原因则在于,托克维尔的这本《旧制度与大革命》,深深地触动了处于现代化急行军与社会急剧转型中的中国社会的敏感神经,带给了中国社会各界对于自身发展道路、面对困境与未来前景的长久而深刻的思考。

　　1856年,托克维尔的著作《旧制度与大革命》出版。《旧制度与大革命》旨在阐述旧制度和大革命之间的关系。托克维尔开宗明义地指出,他从事的是"关于法国革命的研究",而不是写另一部大革命史。他在书中试图说明:何以全欧洲几乎都有同样的政体,它们如何到处都陷于崩溃?何以封建特权对法国人民比在其他地方变得更为可憎?何以中央集权行政体制是旧体制,而不是大革命或帝国的创造?何以18世纪的法国的人们比其他国家人民更彼此相似,同时又彼此分离、漠不相关?何以18世纪法国文人成为国家的主要政治人物?何以法国人宁愿先要改革,后要自由?路易十六时期是旧王朝最繁荣时期,这种繁荣如何加速了革命?托克维尔扎扎实实地依靠对原始资料的分析，展开他对法国大革命的思考，得出了许多惊人的结论，诸如：革命并不是在那些中世纪制度保留得最多、人民受其苛政折磨最深的地方爆发。恰恰相反，革命是在那些人民对此感受最轻的地方爆发的。革命的发生并非因为人们的处境越来越坏。最经常的情况是，一向毫无怨言仿佛若无其事地忍受着最难以忍受的法律的人民，一旦束缚和压力减轻，他们就将它猛力抛弃。流弊被消除，使得人们更容易觉察尚存的其他流弊；痛苦的确已经减轻，但是感觉却更加敏锐。此前人们对未来无所期望，现在人们对未来无所畏惧，一心朝着新事物奔去。这些结论很大程度上颠覆了我们对于革命的认识。正是通过对法国大革命的探讨，他指出，轰轰烈烈的法国大革命，在原有的封建制度崩溃之时，因并未带来革命预期的结果，而致使执政者与民众间的矛盾公开化，社会动荡愈演愈烈。无疑，托克维尔开辟了研究旧制度的新途径，揭露了旧制度与大革命的内在关联，从而触及到了法兰西民族命运的根本问题。

《旧制度与大革命》的中文译本最早是在1992年出版的，当时该书在华出版，影响主要是在知识界和思想界。20世纪90年代初期，当《旧制度与大革命》刚刚被译介到中国时，恰好是中国在经历了一个巨大风波之后社会普遍陷入了反思状态。社会急剧的变化和激进的政治变革形式首先遭到质疑，进而是整个革命谱系被重新审视，革命的正当性在新的时代条件下被重新拷问和思考，由此回溯革命源头的法国大革命自然也要接受理性审判。这个时候，阅读托克维尔的著作，给人以豁然开朗的感觉，他对法国大革命的揭示，诸如革命并未摧毁旧制度，反而是在旧制度的废墟上建立起了更加专制和强大的中央政权，革命后的专制制度比旧的专制制度更合逻辑，也更加全面。这样的观点对于那些期望通过激进方式达到社会变革的人来说，无异于有醍醐灌顶的作用。在大革命时代的欧洲，法国在国体上是一个最接近于旧中国的国家，历史上的中央集权专制使两个国家有着一个相似的发展轨道；而近代以来法国在革命和专制之间的轮回关系，似乎又为认识中国的制度变迁提供了一面现成的镜子。正是通过对法国革命的思考，人们试图超越社会激进的变革方式，为中国寻找到一条温和的渐进的社会发展路径。因而，在20世纪90年代初期，人们通过阅读该书去反思革命，并试图告别激进，就成为顺理成章的思考结论了。

时光到了21世纪10年代，人们重读托克维尔的《旧制度与大革命》

一书，思考的重点已经和 20 多年前发生了重大的变化。在过去了 20 多年之后，人们重读这本著作时，警觉到中国正深陷所谓"改革和革命赛跑"的轨道中，人们普遍地焦虑和思考的是，如何重启改革，在中国社会的转型中避免社会的激烈动荡的所谓"革命"。在经历了改革开放几十年的快速发展后，中国取得了举世瞩目的发展成就，同时也面临着前所未有的发展与转型难题，利益分化严重，贫富差距加大，阶层固化、社会不公等诸现象，都是中国现代化道路上不得不正视的挑战和考验。出路在哪里？当然是深化改革。毫无疑问，中国改革已进入深水区，改革风险很大，但不改革风险更大。改革势必会遭到既得利益集团的阻碍，但是停滞、不改革，忽视社会的公平正义，只会增加群众的不满情绪，甚至使社会陷入动荡的危险境地。经由改革达成代价最小的现代化道路，已经成为当下中国社会普遍的共识。当然这也是这本自 2012 年以来持续走热的《旧制度与大革命》一书，带给当下中国人的重要启示。

可喜的是，以习近平为总书记的新一届中央领导集体，不仅深刻地洞察了中国社会发展中的问题和中国社会广大人民群众的期待，而且具有深刻的历史意识和敏锐的眼光，更难得的是具有强烈的使命感和担当精神。自党的十八大以来，以非凡的勇气和魄力开启了新一轮"壮士断腕"啃硬骨头的改革，十八届三中全会对全面深化改革进行了全面部署，十八届四中全会做出了全面依法治国、建设社会主义法治国家的决定。可以预见，伴随着全面深化改革的推进，更加完善的制度建设与创新将会到来，法治中国建设将会得到全面落实，一个步入真正现代化的中国将展现在世人面前。

（2015 年 3 月 16 日、5 月 4 日《昌平报》）

国际背景下的中共成功之道

杨奎松所著《中间地带的革命——国际大背景下看中共成功之道》，是其历时 20 多年辛勤研究的成果，倾注了作者 20 多年的心血，当然不同

第六章 关于"中国梦与软实力建设"的若干思考

于当今市面上充斥的杂七杂八的著述,被学界评价为:民间版中共党史第一种,从混乱、挫折、失败中读懂中共成功史。杨先生自己也说,这部书是他的最主要的代表作之一,是到目前为止唯一比较系统地反映了他对革命年代中共成长发展经过及其主要原因看法的一本书。

由于自大学时代开始的对中国共产党的发展、奋斗、成功的历史产生的浓厚兴趣,怎么看待中国共产党的成功,导致成功的各种因素究竟是什么,一直是自己想真正弄明白的问题,因为只有解决了这一问题,才算读懂了中国近现代史,读懂了中国的过去、现在和未来。参加工作成为一名党校教师以来,这一兴趣不仅没有消退,反而越发强烈,所以发现杨先生这本书自然不会放过,是一定要拜读的。

诚如作者所说,这本书的最大阅读价值,在于它比较完整和系统地讲述了中共夺取政权的决策过程和影响其决策的种种复杂的内外因素的作用。

毛泽东在他著名的《矛盾论》中指出,事物的发展有内因和外因两个方面的作用,内因是事物变化发展的根据,外因是变化发展的条件,外因必须通过内因才能对事物的发展产生影响,内因也必须通过合适的外因即外部条件才能对事物的发展起作用,内外因必须共同发挥作用,才会有事物的变化和发展。这一原理在作者通过此书对历史的梳理中得到了印证,同时亦是杨先生研究和写作此书贯穿始终的方法和灵魂。

中国之所以会不断发生革命,无疑是由中国社会的内部原因决定的,是自1840年以来中国社会积压已久的社会矛盾和迫切需要解决的社会问题导致的。但中国革命究竟将要达到何种目的,发展到何种程度,这又与整个外部世界的形势和外部条件密不可分。中国共产党的革命之所以会从20世纪20年代开始,而不是从1905年开始或1911年开始,显然是与俄国1917年十月革命的成功和1919年第三国际成立,布尔什维克开始对外输出革命的情况密不可分。毛泽东所谓"十月革命一声炮响,给我们送来了马克思列宁主义",就形象地概括了这种关系的本质。它告诉我们:中共所领导的这场革命,就其基本内容和方向而言,都是得益于俄国革命性质的影响和规定的。中共革命的成功和新中国的由来,其实在很大程度上都是得益于整个世界大环境,包括俄国革命、第二次世界大战以及战后国际关系的改变。

当然，作者和我们都不是外因决定论者。中国革命道路的选择归根结底还是中国人自己的选择，正如毛泽东所说，俄国式革命是山穷水尽诸路皆走不通的一个变计；中国革命的成功归根结底还是由中国人自己实现的，因此它不同于东欧社会主义国家的建立，不完全取决于包括苏联在内的外国干预。正如毛泽东所说，中国的事情必须由中国人自己来办，而不能由共产国际那些管中国问题的外国人来办。事实证明，完全按照苏联的方式来处理中国问题和解决中国革命所面临的种种复杂关系，多半都是不能成功的。中国革命的成功也依赖于，在它的残酷的斗争岁月里产生了深谙中国国情和实际，把马克思主义普遍真理和中国革命实践活生生地结合在一起的领导人。如果不是毛泽东，而是其他的领导人，中国革命很难走到它的1949年；如果不是毛泽东在许多情况下坚持己见，一次次地按照自己的意志办事，中共很可能和"二战"后的法共、意共一样，被苏、美两大国引导到与国民党妥协的道路上去。

在对历史的剖析中，作者还关照了历史发展进程中必然性和偶然性的作用。因为历史的演进实在太过复杂，少了任何一种因素恐怕都构不成我们今天所看到的历史。在那样长的历史进程中，一步踏错，或是一个事件没有发生，或发生得太早或太晚，历史可能都是另外一种结局。我们必须承认，马克思在《法兰西内战》一文中关于历史偶然性的说法是完全正确的，即在任何一个革命时代，偶然性永远都会起着戏剧般的作用，并因此成为总的历史发展过程中的关键因素。

从中国革命与外部世界的联系来考察中国革命的发展过程及其策略变化，是作者写作本书的目的。然而，读罢此书，我们必须明确地指出，中国革命从背靠苏俄，到逐渐认识到必须把"马克思主义中国化"，走出适合自己国情的发展道路，才终于有今天的成就和天地。外因和国际大环境的变化展现的是历史发展的趋势和走向，它们终究成为检验包括中国共产党在内的任何一种政治力量的试金石。正确地把握外部环境的变化和世界发展的潮流方向，敏锐地洞察并高度地顺应民心民意的走向，探索出自己独特的革命道路，才是中国共产党取得成功的真谛。

(2015年10月14日《昌平报》)

第六章 关于"中国梦与软实力建设"的若干思考

关于儒家文化的两点认识

儒家思想一直被认为是中国传统文化的主干,它在两千多年的中华文明史上留下了深刻的印迹,它通过对中华民族传统文化心理结构的深刻影响而影响了中国历史的发展进程。它的许多有益的思想至今仍影响、规范着今天的中国和今天的中国人,对于我们的社会主义文化建设和精神文明建设具有重要的价值和借鉴意义,仍然是推动我们进行现代化建设的因素和力量。

一、刚健进取的基本精神

曾经有一种观点,认为中国文化是静柔的文化,这实质上是从表面上看问题。道家宣扬静柔,周敦颐提倡"主静",固然都有一定的影响,但它不是中国文化的主流,仅仅推崇"柔静",是不可能创造出灿烂的文化业绩和悠久的历史文明的。作为中国文化基本精神的,应是儒家刚健有为、自强不息、积极进取的思想态度。

孔子重视"刚",它的生活态度是"为之不厌""发愤忘食,乐以忘忧",这是一种积极有为的人生态度。孔子的这些思想,《易传》有进一步的发展。《彖传》提出"刚健"观念,赞扬"刚健"精神:"刚健而文明""刚健笃实辉光"。《象传》提出"自强不息"的原则:"天行健,君子以自强不息。"荀子更是将这种积极有为的精神和人生追求提高到与"天地参"的高度,一种世界观的崇高地位:"天地生君子,君子理天地,君子者天地之参也。"

由《易传》倡导的这种刚健进取、自强不息的精神,在中国历史上产生了深远的影响,激励着古往今来无数政治家、思想家、科学家奋进前行。从中国传统的士大夫知识分子到近现代无数的仁人志士无一不继承着这一精神,他们身上无一不闪烁着这一精神的光辉。荀子说:"良农不为水旱不耕,良贾不为折阅不市,士君子不为贫穷怠乎道。""骐骥一跃,不能十步;驽马十驾,功在不舍。锲而舍之,朽木不折;锲而不舍,金石可镂。"屈原呼:"路漫漫其修远兮,吾将上下而求索。"周恩来诗曰:"面壁十年图破壁,难酬蹈海亦英雄。"毛泽东更是发出了"与天奋斗,其乐无穷，与地奋斗，其乐无穷"的带有革命乐观主义的欢呼。这些雄伟词句不正是儒家不屈不挠、发奋进取的精神的极大发扬与充分体现吗？这种勤劳坚韧、孜孜不倦、愚公移山式的精神不正是中华民族重要的传统品德与精神风貌吗？

正是这种精神，使得中华民族背负着传统，在苦难深重中艰难前行；正是这种精神，支撑了近代内忧外患中求出路的中国人。没有它，就不会有资产阶级的改良运动、革命运动，就没有农民阶级的反帝斗争以及无产阶级的革命运动，就不会有今天的独立主权的中国。它是中华民族精神的根本所在，是传统文化的精华所在。

今天，要把中国建成富强、民主、文明、和谐的社会主义现代化强国，实现中华民族的伟大复兴，同样需要这种精神，社会主义的文化建设和精神文明建设不能缺少这一精神，今天为民族的崛起而奋斗的中国人不能缺少这一品质。有了它，面对激烈的竞争和较量，我们才能不畏困难，奋起直追，我们的强国梦才能得以真正实现。由此可见，儒家自强不息、积极进取精神的重要价值所在。

二、"内圣外王"的理想境界和根本目标

"修身齐家治国平天下"是中国文化和中国精神的一个重要方面。"内圣外王"的理想是儒家的根本目标和最高境界，也是从古至今许许多多士大夫知识分子以及爱国的志士仁人的理想人格与人生追求。

"内圣"——正心诚意地修身，"外王"——齐家治国平天下，是这一境界和目标的两个部分。它由孔子提出，分别经孟子和荀子发挥。孟子发挥了"内圣"之道，使之成为以身作则式的具有历史责任感和使命感的伟大人格的自觉追求，是由"不忍人之心"而发扬的道德的自律和突出个体人格价值的人格理想与主体自我选择。荀子发挥了"外王"之道，使之成为注重改造外部世界，注重破除虚妄迷信的经验理知，积极进取的实践理性精神和现实实践品格。这两方面正是近代救国精神的基础。它们相互补充，相互制约，共同形成了儒家的人生追求和理想境界。

正是这一精神，从古至今影响、融入了中华民族的传统心理和精神品格之中，使世世代代的士大夫知识分子和进步的仁人志士肩负深刻的历史使命感和社会责任感，满怀深刻的忧患意识；也正是这一精神，使无数优

秀的中华儿女在内忧外患的近现代史上写下了可歌可泣的篇章，推动着中华民族在艰难困苦中奋然前行。这正是中华民族传统文化精华之所在。

孟子曰："居天下之广居，立天下之正位，行天下之大道，得志，与民由之，不得志，独行其道。富贵不能淫，贫贱不能移，威武不能屈，此之谓大丈夫。""故天将降大任于斯人也，必先苦其心志，劳其筋骨，饿其体肤，空乏其身，行拂乱其所为，所以动心忍性，曾益其所不能。"这是两千多年来始终激励人心、传颂不绝的伟词名句，确乎正是中华民族的人格理想。

无论是被我们传颂至今，妇孺皆知的"天下兴亡，匹夫有责"的名句，还是范仲淹"先天下之忧而忧，后天下之乐而乐"，文天祥"人生自古谁无死，留取丹心照汗青"，谭嗣同"我自横刀向天笑，去留肝胆两昆仑"，乃至毛泽东"问苍茫大地谁主沉浮""数风流人物还看今朝"，这些千古绝唱，无一不闪烁着儒家这种人格理想的光辉。而近现代志士仁人为了救国图存，探索救国救民真理的伟大实践，又无一不是这一人格理想的生动写照和具体实践。

在建设富强、民主、文明、和谐的现代化国家的今天，如果没有使命感和责任感，没有积极进取的实践精神，没有改造社会的人生追求，我们的民族就会失去希望，我们的国家就会失去发展的动力。借鉴儒家"内圣外王"的人格理想和精神追求，结合当代做必要的改造和转换，是构建中华民族共有精神家园，推动社会主义文化大发展，实现中华民族伟大复兴的应有课题。

(2011年《昌平党建》第3期)

提升传统文化影响力需要文化自信

经历了30多年的改革与发展，中国正走在复兴和崛起的路上。经济腾飞的同时，文化和国学热也随之而来。无论是人们在易中天的"品三国"和王立群的"读史记"中对民族历史的徜徉与流连，还是民众在于丹的

"《论语》心得"和王蒙的"老子的帮助"中对传统文化经典的痴迷与感悟，无不诠释着当下的中国民众对精神家园的渴望，对与中华民族伟大复兴相伴随的中华文化繁荣兴盛的期盼。站在历史的新起点上，中国共产党认识到，中华文化是中华民族生生不息、团结奋进的不竭动力；回应时代和人民的呼声，中国共产党庄严地提出，弘扬中华文化，建设中华民族共有精神家园。因此，立足时代的新高度，回望中华民族艰苦卓绝的历史，审视中华民族传统文化，对中华传统文化进行全面而客观的认识就具有至关重要的意义。

中华传统文化是中华民族对人类文明的伟大贡献。

中华传统文化是我们的先辈世代传承下来的丰厚遗产，曾长期处于世界领先的地位。中华文化和文明也是世界上唯一不曾中断的文化和文明。独具特色的语言文字，浩如烟海的文化典籍，嘉惠世界的科技工艺，精彩纷呈的文学艺术，充满智慧的哲学宗教，完备深刻的道德伦理，构成了中华文化的基本内容。中华传统文化更是推动中华民族世世代代繁衍生存发展的根，是世世代代生生不息的血脉，它所蕴含的思维方式、价值观念、行为准则，决定了中华民族的过去，影响着中华民族的现在，规范着中华民族的未来。

中华传统文化在近代遭遇了前所未有的危机。

众所周知，中华民族及其传统文化在历史上曾有过"盛唐气象"的举世瞩目的灿烂辉煌。时至近代，伴随地理大发现的到来，全球化进程的开启与推进，现代化浪潮席卷世界，亚非拉美经济文化落后国家相继沦为西方列强的殖民地和半殖民地，中华民族由此遭遇了"三千年未有之变局和三千年未有之强敌"。国破家亡的现实和落后挨打的处境，凸显了深重的民族危机，而民族危机的背后则是深层的中华传统文化的危机。中华传统文化无法说明和解释中华民族的处境从何而来，出路又在何方，无法为中华民族指出救亡图存与民族复兴的正确道路和方法。先进的中国人只好向西方探求救国救民的真理，这其中包括孙中山的三民主义和中国共产党的马克思主义。当然，真正破解了这一历史性课题的是马克思主义，这也是马克思主义在近现代中国生根开花结果的原因所在。

中华传统文化的基本精神在内忧外患中支撑中华民族走出困境。

与近代的民族苦难相伴而生的，是无数志士仁人为了挽救民族危亡前赴后继流血牺牲。支撑所有的志士仁人和整个中华民族不屈不挠地奋斗的精神动力正是中华传统文化的基本精神。中华传统文化的自强不息、刚健进取的人生态度和"天下兴亡匹夫有责"的家国情怀催生出了强烈的使命感和责任感，在近代的民族苦难和奋起中得到了高度的升华，爱国主义和集体主义被强化，民族精神也由此得到提升，中华民族正是在这样的精神支撑下，走出了困境，战胜了苦难，走向了新生。

对待中华传统文化的正确态度是取其精华、去其糟粕。

用历史的眼光去审视中华传统文化，我们就会发现，对中华传统文化全盘否定或全盘肯定的态度和做法都是错误的，都不符合历史和事实。正确的态度应是一分为二，是取其精华、去其糟粕。中华传统文化基本精神的天人合一、以人为本、贵和尚中、刚健有为、家国情怀等主体内容，不仅是中华民族生生不息的不竭动力，而且穿越了历史和地域的时空限制，正在成为普照世界的理念而为更多的民族和人民认同，日益放射着人性和真理的光辉。与传统社会相伴随的旧有的经济政治制度、宗族制度以及落后的伦理纲常、思想观念等则是必须进行变革或剔除的。我们既要认真挖掘中华文化的精髓，把我们的优秀文化贡献给人类，又要认真反思我们的文化缺陷，更好地吸取其他民族文化的精华，适应现代社会的发展要求，使中华文化产生新的生机和活力。

在时代转换和创新中完成中华文化建设与影响力再造。

展望未来，民族复兴和国家崛起需要文化软实力的提升，需要社会主义文化的大发展和大繁荣，需要中华文化影响力的再造和提升，这是时代和历史为中华民族提出的又一严峻的课题。我们应该以高度的文化自觉和文化自信心，以极强的文化使命感和责任感去应对这一挑战。在时代转换和创新中完成中华文化建设与影响力再造，使中华文化在这种富有创造力和生命力的转换中，真正与当代社会相适应，与现代文明相协调，保持民族性，体现现代性。国家崛起的希望在于青年，中华文化再造辉煌的希望同样在于青年。当代青年应该更好地确立对中华文化的认同，不断提高自己的文化自觉，在全球化的大背景下，实现中华文化的传承、再造与更新，这是时代和历史赋予当代青年的庄严使命。

（2010年《昌平周刊》理论版第6期）

审视与憧憬

初识吴晓波所著《激荡三十年》一书，是在 2010 年春北京电视台举办的"书香北京"庆典的电视直播节目上，当时无意中看到这个节目，就被它深深地吸引，想看看究竟在 21 世纪的第一个 10 年，观众被什么样的书籍所吸引，又是什么样的书籍引领着中国人的精神世界。

在一个个优秀的书籍和它们的作者中，吴晓波和他的《激荡三十年》跳入眼帘走进我的内心，是缘于现场一位读者的提问：为什么你在描述了中国改革开放 30 年中国企业发展历程之后，却总结说这 30 年我们没有英雄，那么在你的心中什么样的人才称得上英雄？这是一个多么吸引我的发问啊！我在当时又是多么期待作者的回答。吴晓波引用金庸在《神雕侠侣》中杨过问郭靖"何谓大侠"时，郭靖的回答："侠之大者，为国为民。"……一个发问，一个回答，就这样让我产生了阅读这本书的强烈愿望。

1978～2008 年这 30 年，是中国启动改革开放到初步体验大国崛起的 30 年。这 30 年来，中国向世界经济大国的跃升，无疑是现代世界史上最重要的事件之一。而中国崛起这一宏大叙事，是由千百万普普通通人各不相同的创业故事集合而成的。中国企业崛起同样是过去这 30 年里世界经济史的伟大事件之一，让人遗憾的是，一直没有一部完整记录这段令人激动的时代的书籍，吴晓波先生的《激荡三十年》无疑弥补了这个重要的空白。

吴晓波先生并没有用传统的教科书或历史书的方式来写作这部著作，而是站在民间的角度，以真切而激扬的写作手法描绘了中国企业在改革开放年代走向市场、走向世界的成长、发展之路。改革开放初期汹涌的商品大潮；国营企业、民营企业、外资企业，这三种力量此消彼长、互相博弈的曲折发展；整个社会的躁动和不安；所有这些在整部书籍中都体现得极为真切和实在。书中，作者笔下的事件和人物也不是孤立地展现在读者面前的，而是将所有的人物和事件放在一个国际环境和国内政策、社会和当代现实的大背景中，以整体和个体相结合的描述手法，将一部中国企业的曲折发展历程清晰地呈现出来。作者用激扬的文字再现出人们在那个年代的历史创造中的激情、喜悦、呐喊、苦恼和悲愤。

正如作者书中的描绘,尽管任何一段历史都有它不可替代的独特性,可是,1978~2008年的中国,却是不可重复的。在一个拥有13亿人口的大国里,僵化的计划经济体制日渐瓦解了,一群小人物把中国变成了一个巨大的试验场,它在众目睽睽之下,以不可逆转的姿态向商业社会转轨。在过去的30年中,世景变迁的幅度之大让人恍如隔世。所谓的沧海桑田,仅仅30年,就让这一代中国人都看到了。

怎样认识这已经走过的30年,吴晓波用饱含深情且思辨的笔触写道:

青春已经大江东去。对于这个时代,我们有种与生俱来的眷恋,在这里深埋着许多人的过去,当我们已一步步地远离它的时候,才越来越清楚地感受到它的存在。也许在很多年后回望,人们会说,这激荡的30年是一个多么世俗的年代,人人以物质追求为目标,道德底线被轻易穿越,心灵焦虑无处不在,身份认同时时颠覆。所有的财富故事都暧昧不清,很多的企业家都前途未卜。

不过,更多的人会辩护说,我们最宝贵的财富正是这一段携手走过的从前,这一份经历包罗万象,有汗水泪水血水,有蜜汁苦水狼奶。它催生了一个时代的伟岸和壮观,也同样滋养了世故、丑陋和空虚。我们遭遇的是一个空前复杂而面目不清的时代。急剧变化的世界,怅然若失的个人命运,传统与现代,个人与群体,不同利益集团的冲撞和拷问,这正是30年的成长底色。在这段创世纪般的大历史里,我们每一个人从来都不是观光客,伟大的梦想将继续从茫茫无边的草根中轰然诞生,那种追求世俗的本身,也就具有了一种难以言说的浪漫诗意。

因而,尽管有着种种抱怨、失落和焦虑,但是,过了很多年后,我们也许仍然要说,那是一个美好的时代。因为,它允许新的可能性发生。

吴晓波所写的,也正是所有亲历并与改革开放30年共同成长的人们的普遍感受和认知,是我们回首审视这逝去的30年时由衷的自豪、感叹和慰藉,这曾经的30年正是个人梦想成就大国经济的年代,是个人梦想铸造大国崛起和民族复兴的时代。

然而,读完此书,我到底还是明白了作者为什么引用拜伦《唐璜》中的诗句为开篇:

> 说来新鲜,我苦于没有英雄可写,
> 尽管当今之世,英雄是迭出不穷,
> 年年有,月月有,报刊上连篇累牍,
> 而后才又发现,他算不得真英雄。

这或许正是作者对那已经逝去的30年留存的遗憾与缺陷审视反思后的清醒吧。

中国共产党的十八大特别是十八届三中全会之后,中国步入了一个全面深化改革发展的崭新时代,在这样一个重新启动的改革发展的时代,重读吴晓波的《激荡三十年》,重新审视已经逝去的30年,它的辉煌与梦想,它的成就与问题,无疑是为了更好地憧憬、规划、走好未来之路。正是从这个审视反思出发,人们在内心深处真心地期待在已经开始的新的30年里,在中国经济步入新常态的背景下,伴随着中国经济的转型升级发展,我们能够迎来一个真正的"大众创业 万众创新"的新时代的到来,在这样的新时代里,成长出更多更好的国际水准的中国企业,涌现出更多具有优秀品质的中国企业家,它们和他们以崭新的面貌卓立于世,在中华民族追求伟大复兴的宏大叙事里,成为真正的英雄,谱写出又一个30年的华美乐章。

(2015年6月10日《昌平报》)

参考文献

[1] 马克思恩格斯选集. 第1卷 [M]. 北京：人民出版社，1995.
[2] 马克思恩格斯选集. 第2卷 [M]. 北京：人民出版社，1995.
[3] 马克思恩格斯选集. 第3卷 [M]. 北京：人民出版社，1995.
[4] 马克思恩格斯选集. 第4卷 [M]. 北京：人民出版社，1995.
[5] 毛泽东选集. 第1卷 [M]. 北京：人民出版社，1991.
[6] 毛泽东选集. 第2卷 [M]. 北京：人民出版社，1991.
[7] 毛泽东选集. 第3卷 [M]. 北京：人民出版社，1991.
[8] 邓小平文选. 第1卷 [M]. 北京：人民出版社，1994.
[9] 邓小平文选. 第2卷 [M]. 北京：人民出版社，1994.
[10] 邓小平文选. 第3卷 [M]. 北京：人民出版社，1994.
[11] 习近平. 习近平谈治国理政 [M]. 北京：外文出版社，2014.
[12] 中共中央宣传部. 习近平总书记系列重要讲话读本 [M]. 北京：学习出版社，人民出版社，2016.
[13] 张岱年，方克立. 中国文化概论 [M]. 北京：北京师范大学出版社，2004.
[14] 李慎明，陈之骅. 居安思危——苏共亡党二十年的思考 [M]. 北京：社会科学文献出版社，2011.
[15] 埃德加·斯诺. 西行漫记 [M]. 北京：生活·读书·新知三联书店，1979.
[16] 陈兆德. 科学社会主义著作选读及辅导 [M]. 北京：中央党校出版社，1992.
[17] 毛泽东给肖旭东蔡林彬并在法诸会友信 [M] // 新民学会通信集. 北京：人民出版社，1980.
[18] 约瑟夫·奈. 软实力 [M]. 北京：中信出版社，2013.
[19] 刘明福. 中国梦——中国的目标、道路及自信力 [M]. 北京：中国友谊出版公司，2013.
[20] 丁学良. 中国的软实力和周边国家 [M]. 北京：东方出版社，2014.
[21] 陈学明，黄力之，吴新文. 中国为什么还需要马克思主义 [M]. 天津：天津人民出版社，2013.

[22] 金一南. 苦难辉煌 [M]. 北京：华艺出版社, 2009.
[23] 黄苇町. 苏共亡党十年祭（最新版）[M]. 南昌：江西高校出版社, 2013.
[24] 黄苇町. 苏共亡党二十年祭 [M]. 南昌：江西高校出版社, 2013.
[25] 傅高义. 邓小平时代 [M]. 北京：生活·读书·新知三联书店, 2013.
[26] 顾准. 从理想主义到经验主义 [M]. 北京：光明日报出版社, 2013.
[27] 雪珥. 绝版甲午 [M]. 上海：文汇出版社, 2009.
[28] 冯友兰. 中国哲学简史 [M]. 北京：北京大学出版社, 2012.
[29] 托克维尔. 旧制度与大革命 [M]. 北京：商务印书馆, 2012.
[30] 杨奎松. 中间地带的革命——国际大背景下看中共成功之道 [M]. 太原：山西人民出版社, 2010.
[31] 吴晓波. 激荡三十年 [M]. 北京：中信出版社, 2008.
[32] 李慎明. 居安思危：苏共亡党的历史教训 [M]. 北京：社会科学文献出版社, 2013.
[33] 戴逸. 十八世纪的中国与世界 [M]. 沈阳：辽海出版社, 1999.
[34] 白岩松. 白说 [M]. 武汉：长江文艺出版社, 2015.
[35] 中共中央关于全面深化改革若干重大问题的决定 [M]. 北京：人民出版社, 2013.
[36] 中共中央关于全面推进依法治国若干重大问题的决定 [J]. 求是, 2014 (21).
[37] 张文显. 论中国特色社会主义法治道路 [J]. 中国法学, 2009 (6).
[38] 李鸿忠. 切实肩负起意识形态工作的主体责任 [J]. 求是, 2015 (8).
[39] 田心铭. 略论意识形态工作的几个问题 [J]. 马克思主义研究, 2013 (11).
[40] 张国祚. 中国梦与文化软实力 [J]. 中共四川省委省级机关党校学报, 2014 (1).
[41] 温家宝. 提高认识、统一思想、牢固树立和认真落实科学发展观 [N]. 光明日报, 2004-03-01.
[42] 习近平. 在参观《复兴之路》展览时的讲话 [N]. 人民日报, 2012-11-30.
[43] 习近平. 在第十二届全国人民代表大会第一次会议上的讲话 [N]. 人民日报, 2013-03-18.

后　记

"位卑未敢忘忧国",作为本书作者,身为一名基层理论工作者和基层党校教师,对国家和民族的前途命运一直有着深刻的忧患意识和强烈的使命感、责任感,因而一刻也未停止对国家发展前途命运以及中国发展现实问题的思考,本书应该看作是这种长期思考的一个阶段性的总结吧。

长期身处基层理论工作者和基层党校教师的位置,可能使自己无法保持与学术界最前沿的密切联系和持久的对话,因而,理论的思考和现实的认识也许会被认为是浅显的、疏离的;但这所有的思考又是真实的,真实得有着沉甸甸的生命分量,因为作者自青春时代至今走过的人生,正是中国发生历史巨变的时代,这经历有着活生生的、波澜壮阔的中国30多年改革开放的宏观大背景做支撑,因此,可以说,这里的思考是以个人和国家交替重合的30多年为依托的,它折射了这个民族和国家30多年的历史沧桑,折射了她的发展、进步、挫折与奋进。

我深知,长期身处基层理论工作者和基层党校教师的位置,更是给了自己一个理论和实践结合的独特位置,使自己清晰地了解理论在基层群众中呈现的面貌,了解基层群众对理论的需求和认知程度,这是一个不可或缺的位置,也带来一个不可或缺的独特视角,由此展开的对中国发展问题的观察和分析,对理论和实践得失的反思,应该同样是不可或缺的吧。这也构成了写作此书的动因和初衷,它使自己有勇气面对自己的思考,面对自己真实的内心,勇敢地记录下自己的真实思想,甚至困惑和忧虑。

本书的直接起因是缘于2013年我主讲的精品课程《中国梦——民族复兴:问题与挑战》,这门课程使自己开始对习近平治国理政思想理论有了高度关注和持续紧密的跟踪研究,对当代中国实现中华民族伟大复兴所面对的问题与挑战,特别是思想精神等软实力方面的问题进行了深入的思考,这些思考又催生了自己对马克思主义、马克思主义中国化及中华民族历史命运的更加深入的思考，就让这本书作为这个思考过程的标识吧，因为这个思考不会停止，它还将继续。本书又是建立在自己长期以来对马克思主义中国化的理论和实践的教学和研究基础上的，本书仍然是想回馈于课堂，回馈于我的学员和听众，所以，写作过程一直努力地使自己保持课堂教学的口语化，简明扼要、通俗易懂、直奔主题、深入浅出是写作的初衷之一，这样的初衷使写作如同在夹缝中求生存，或许左右都不逢源，若如此，只能深感愧疚和遗憾了。

感恩所有在此书写作过程中给予我鼓励、鞭策的朋友，在我每每心生懈怠之时，在每每自我否定之时，在每每犹豫彷徨之时，给我的肯定，使我重拾信心，停下的笔一次次又重新拿了起来。

感恩家人给我的理解与支持，没有这支持和理解，就没有这册书的完成。

感恩知识产权出版社王颖超等编辑，感谢你们给予我的耐心、包容、支持和鼓励。

感恩自己心中热爱着的基层理论工作者和基层党校教师的事业，是这份热爱给了我持之以恒、坚韧不拔的精神动力，让我无论是站在讲台上面对学员，还是此刻面对自己的思考自己的文字，无怨无悔。

由于自己学识上的局限，思考一定有许多不尽如人意之处，希望得到有识之士的指正、批评和帮助。

林建华
2016 年 5 月 30 日于北京昌平